kyk na my

Ook deur Nataniël:

Dancing with John (1992)
Oopmond (1993)
Nataniël kook (1994)
Rubber (1996)
Die Nataniël kombuis (1996)
Maria Maria (1999)
Tuesday (2001)
Food from the Whitehouse (2002)
Kaalkop (2004)
Kaalkop Journal/Joernaal (2006)
Kaalkop² (2008)
When I Was (2008)
Gatherings (2009)
Nicky & Lou (2011)
Kaalkop 3 (2012)
150 stories (2014)
Die huis van rye (2015)
Zip (2016)
Closet (2017)
Die Edik van Nantes-kookboek (2018)

kyk na my

NATANIËL

herinneringe aan 'n kindertyd

Human & Rousseau

Eerste uitgawe in 2019 deur
Human & Rousseau,
'n druknaam van NB-Uitgewers,
'n afdeling van Media24 Boeke (Edms.) Bpk.,
Heerengracht 40, Kaapstad

Voorbladfoto deur Eben le Roux
Agterbladfoto deur Clinton Lubbe
Bandontwerp deur Albino Creations
Tipografiese ontwerp deur Michiel Botha
Geset in 11 op 15 pt Minion

Oorspronklik gedruk in Suid-Afrika
ISBN: 978-0-7981-7993-5 (Eerste uitgawe, eerste druk 2019)

LSiPOD: 978-0-7981-8000-9 (Tweede uitgawe, eerste druk 2019)
ISBN: 978-0-7981-7994-2 (epub)
ISBN: 978-0-7981-7995-9 (mobi)

Vir Madri
wat eers iewers tussen bladsye 260 en 261 gebore is

Sand

Wat behoort jou vroegste herinnering te wees? Wat onthou jy as jou heel eerste toneel? Is dit jy in die hoenderhok op Wellington? Jy sit op die grond tussen die hoenders, jou mond is wyd oop, Oupa hou iets na jou uit, 'n klip of 'n erdwurm, en jy is van plan om dit te eet, jy eet alles. Nee, dis die foto in Ma se album, die familie lag nog steeds hieroor. Is dit jy wat ry op die tuinhekkie, laphoedjie op jou kop? Dit was tydens 'n kuier in die Langkloof, by jou niggie Magdel se ouerhuis. Nee, dis nog 'n swart-en-wit foto uit die album. Is dit jy en jou opblaashond tussen al die seuns van die kinderhuis in Riebeek-Oos? Nee, nog 'n foto, 'n duisend keer bekyk.

Is dit dalk die geluid van reën op die dak? Die huis se dak was van sink en reën was skaars en soos musiek. Is dit die geritsel van blare in die groot boom voor die huis? Jy het nou net wakker geword op jou blokkieskombers en kyk na die reuse- donker takke wat hoekig verby mekaar vou, 'n doolhof in die lug, 'n geheimsinnige ruimte bewoon deur kleine karakters wat net aan jou bekend is. Dit sou lieflik wees as jou verhaal só kon begin.

Sand. Dis wat ek onthou. Die reuk van sand. Ou sand. Hierdie sand is aangery van ver af, lank, lank gelede. Dit vul 'n sandput, rond en twee keer so groot soos 'n visdam. Die put het 'n rand van sement, bo-op die rand is stukke leiklip aardig en onnet vasgemessel, 'n sirkel donkergrys vlekke. Dis my speelplek. Ek sit op die sand. Voor my lê twee vet beentjies met dimpelknieë. Hulle lê reguit soos 'n pop s'n. Ek volg hulle tot teen my lyf. Dis *my* bene. (Hy sit vir dood! het Ouma altyd gesê.) Ja, sit was my ding. Lank nadat my nefies en niggies van dieselfde ouderdom begin loop en praat het, het ek nog gesit. (Maar toe hy *begin*, toe's dit verby! het Ouma altyd gesê.)

Om my lê emmertjies en grafies in alle kleure. Af en toe steek ek 'n grafie in die sand en ontdek nog 'n klontjie. Versteende katpoef. Dis waar die unieke reuk vandaan kom. Ou sand met ou poef maak 'n reuk wat jy veertig jaar later nog in ontwerperstuine sal herken. Ek dink nie Ma sou my daar laat speel het as sy geweet het die put is die onweerstaanbare ablusie van die omtrek se nagkatte nie, maar hoe sou sy weet, katte begrawe en ek sit met grafies.

Daar voor die huis is my pa. Hy sny die grasperk se rande. Hy is lank en sterk en baie aantreklik. Sy arms bult soos in 'n tekening as hy in die tuin doenig is. Skoolmeisies en hulle mammas groet hom vriendelik as hulle verbystap, dan giggel hulle en fluister vir mekaar. Ek kan dit sien uit die put.

Op die stoep staan my ma. Sy is baie mooi, sy het donker vroumenshare (vroumenshare: nie reguit nie, nie gekrul nie, nie kort nie, nie lank nie, net tot by die nek met die geringste teenwoordigheid van 'n sagte brander) en 'n baie klein middeltjie. Sy is geklee in 'n kraakwit bloes met kort moutjies en 'n wye romp met groot blomme. Sy sit 'n klein bakkie op die stoepmuurtjie neer.

Hier is 'n bietjie biltong, sê sy, Eet stadig.

Sy stap die huis binne om te kyk of my boetie nog slaap. Dit was 'n klein, klein huisie, vir my was dit 'n groot, groot huis. Daar was vyf trappe vanaf die sandput tot op die stoep, 'n koel stoep met 'n gepoleerde sementvloer en dieselfde puntdak as die res van die huis, altyd koel. Binne was 'n gang, links was Pa en Ma se kamer, my boetie se bed was ook daar, verder in die gang was die deur na my kamer, 'n groot kamer met, agter 'n tweede deur, sy eie toilet en wasbak. Aan die einde van die gang was die badkamer. Regs langs die voordeur was die sitkamer, dan 'n deur na die eetkamer, hier het die koerant gelê. Dan die kombuis met 'n tafel in die middel en 'n venster bo die wasbak.

Die son beweeg agter die boom en 'n ligstraal tref my gesig. Met skrefiesoë kyk ek op. 'n Poeier van goud stort oor my.

Het jy die plakker gelees? gil 'n stemmetjie, skril en histeries, Jy kan nie net gooi nie!

Ek het vergeet! sê 'n tweede stem, hierdie een is dun en bewerig.

Lees dit nou! Wat sê dit?

Eetlus!

Die kind het klaar 'n verskriklike eetlus! Hy is so gebore! Besef jy hoe gaan die res van sy lewe lyk?

Ek is jammer!

Ek knip my oë. Ek kan niemand sien nie. Weer stort goue poeier oor my.

Ek het hom nou Vrees gegee, sê die skril stemmetjie, Ek kon op sy tassie sien hy is daarsonder gebore. Jy het nog een botteltjie, lees eers die plakker!

Dis Twyfel, sê die bewerige stem.

Ja, dis reg. Dis hartseer, maar dis reg so, gooi maar!

Weer goue poeier. Deur die geskitter sien ek iets fladder. Iets beweeg uit die son en sirkel bo my kop. 'n Naaldekoker? Nee, ek sien 'n gesiggie. 'n Lenige klein lyfie hang aan twee deursigtige vlerkies, ek sien donker haartjies en 'n fyn rokkie wat waai, koperkleurig en glansend. Ek het nog nooit so iets gesien nie, maar ek weet dis 'n fee. Daar is 'n tweede fladderende wese, 'n swaar lyfie wat sukkel om in die lug te bly, op en af, val en styg, die vlerkies klap verwoed, die ligte hare koek teen die gesiggie. Haar rok is pienkwit en bondel om haar soos 'n kokon.

Ek het nog een botteltjie, sê die eerste fee met haar skril stemmetjie, Dis Woede. Hiersonder is hy weerloos.

Goue poeier skitter in die ligstraal.

Becca! gil sy, Waar is jy?

Hier! sê die tweede stem.

Ek draai my kop, die swaar een fladder om en om die bakkie biltong op die stoepmuurtjie.

Ek is so honger, sê sy, Ek vat net een happie.

Dis vleis! gil die donkerkop.

Vleis?

Die kind se ma het dit daar neergesit! Hulle eet droë vleis! Besef jy wat nou gaan gebeur?

Bora! gil die swaar fee.

Sy val uit die lug, agter die stoepmuurtjie, ek kan nie sien wat gebeur nie.

Daar is 'n dun koper straal, die ligte fee duik na die bakkie biltong, sy hang kop onderstebo. Eet sy ook? Sy skiet meteens die lug in.

Becca! gil sy.

Sy val agter die stoepmuurtjie.

Mammaaa! skree ek.

Ek hoor vreemde geluide, iemand snak na asem, iets skeur, iemand snik, iemand sug. Twee groot mensfigure verskyn van agter die stoepmure, een lank, een kort, een skraal, een rond, een met slierte donker hare, een met 'n deurmekaar bos blonde hare.

Pappaaa!

Die figure strompel teen die trappies af, met elkeen se arms om haar eie lyf probeer hulle die geskeurde rokke bo hou. Soos mense wat nog nooit geloop het nie, lig hulle die voete hoog op en sukkel hulle met groot treë na die hekkie.

My ma kom by die voordeur uitgehardloop, my pa verskyn van agter die huis.

Wat gaan aan? vra my ma, Wat blink so op jou kop?

Ek wys met my vinger. Die hekkie staan oop. Twee figure waggel die bult uit.

Jy hoef nie bang te wees nie, sê my ma, Hulle kollekteer seker net. Hulle kon darem die hek toegemaak het, maniere, maniere.

Op 'n dag sit my ma my boetie in sy waentjie, trek vir my die donkerrooi sandaaltjies aan en neem my hand. Ons drie is teen die bult uit tot by die groot huis anderkant die wingerd. Die groot huis het nie 'n tuinhekkie soos gewone huise nie, net 'n motor-hek, geen motor. Ons loop deur die klein skaretjie suurlemoen-bome propvol goudgeel ovale, elke boom 'n reuselantern. Die stoep kronkel om drie kante van die huis, dis 'n breë stoep vol rusbanke bedek met komberse, rakke vol flesse sonder deksels, rye en rye potplante (elke pot is anders en die meeste is gekraak of het 'n groot skerf prysgegee), tuinstewels en bosse gedroogde kruie. Die huis se sykant kyk na die straat, die voorkant kyk bo-oor die wingerd na ons huis. Op hierdie kant se stoep staan 'n houttafel met 'n beker yskoue limonade en 'n patroonbord vol gemmerkoekies. (Ek het met latere besoeke besef dat limonade altyd gereed gestaan het, altyd yskoud, selfs al is gaste nie verwag nie. Die koekies – wat presies gelyk het soos gemmerkoekies moes lyk, nie te plat of bleek of met te min krakies nie, presies reg – was altyd vars, pas uit die oond. Hoe was dit moontlik?)

Op die eerste dag staan die voordeur oop. Hierdie deur het bestaan uit 'n reeks houtrame gevul met kronkeltjieglas en was, vir solank ons in ons huis bly woon het, nooit weer toe nie, deur wind en weer, hitte en hael, dag of nag was dit oop. Lank en slank met 'n donker vlegsel en 'n enkellengte regaf rok uit koper fluweel, só lyk die ouerige vrou wat ons inwag. Sy groet vriendelik, soen my boetie op sy voorkop en neem toe my gesig in haar hande.

Wat 'n pragtige seuntjie! sê sy, En kyk jou goue bos krulle!

Ja, ons weet nie waar hierdie hare so skielik vandaan kom nie, sê my ma, Beslis nie uit die familie nie.

Kom binne, sê die vrou, My suster is in die kombuis, jy kry haar nie daar uit nie.

Ons stap af in 'n gang vol vreemde voorwerpe, aardbolle op silwer staanders, voëlkoue met oop deure, lampkappe sonder gloeilampe en regop houers vol pikswart sambrele met houthandvatsels waarop gesigte uitgekerf is.

Die kombuis is groot en vol kos, amper soveel kos soos in Ouma se kombuis. Daar is hoë, vrolike vensters met gehekelde gordyne, die mure tussenin is toegegroei met rakkies wat slap hang onder rye en rye glasbottels, alle vrugte en alle groente waaraan jy kon dink, is ingelê. Blikke sonder deksels vertoon berge beskuit, 'n skinkbord is toegepak met vrugtebroodjies en op 'n groot stoof staan kastrolle en stoom.

Die suster is koeëlrond en ook ouerig. Haar ligpienk rok is gekreukel, sy het 'n knoop verloor, die een mou het begin lostorring en die meeste van haar spierwit hare het reeds ontsnap uit 'n skewe bolla. Sy hou aan 'n stoel vas en kyk nie na my ma of my boetie nie, sy praat net met my.

Jy moet honger wees, sê sy met 'n bewende stem, Kom sit, waarvan hou jy? Hier is pasteie en pannekoekies en ek het perskes ingelê.

Hier is alles, lag die lang vrou, Sy hou nooit op nie.

Ek het gekuier en geëet tot my ma gesê het ons *moet* nou loop. Daarna was ek elke tweede dag daar, of so gereeld as wat my ma my toegelaat het. Die Stoepsusters (een was altyd op die stoep, die ander nooit) het uitgevra, geluister, gehuil, gesing, gewaarsku, gevoer en mekaar Suster genoem. Ek het gesels, geëet, baie gelag en nog meer gewonder.

Baie jare later het ek eendag saam met Ouma inkopies gedoen op Wellington. Ons was op pad motor toe, twee vrouens het uit die slaghuis gekom, een was lank, die ander kort, albei geklee in lang rokke uit 'n ander era. Onvas op die voete het hulle aan mekaar vasgehou, een se skoene was deurgeloop, die ander se hare was deurmekaar, een het 'n pakkie toegedraai in bruinpapier vasgehou, aan haar een vinger was 'n ongewone ring met 'n groot steen, op die ander een se skouer het fyn blinkers gelê asof sy deel was van 'n konsert of erge partytjie.

Ek het na Ouma gekyk.

Ja, het sy gesug, Dis wat gebeur wanneer feetjies vleis eet.

Ons heining

Ons Wêreld en die Ganse Wêreld was slegs geskei deur silwer ogiesdraad. Die ogies was groot en die draad was dun, die soort wat niks buite of binne hou nie, dit was net daar, styfgespan tussen dun silwer paaltjies, 'n skouerhoë, byna onsigbare heining, waar anders moes silwer draad heen? Die heining het gestrek om drie kante van die erf, voor teen die pad, een kant af teen die leë erf tussen ons en die Gagiano's en aan die ander kant teen die wingerd wat aan niemand behoort het nie. Aan die agterkant van die erf was geen heining. Daar was 'n agterplaas met 'n klein geboutjie vol gereedskap, 'n wasblok uit sement, kompleet met 'n hoë kraan en 'n diep wasbak. Bome, bevrug en onbevrug, het rondgestaan soos wesens wat onwillig was om te gesels of 'n ry te vorm. Lang gras en enkele riete het aangedui dat die erf op 'n einde was, hier was 'n klein vlei, soms het 'n dun stroompie water gekabbel sonder geluid.

Ek het nooit die doel van die heining bevraagteken nie, dit was nie vir veiligheid nie, watse gevaar kon daar wees? En agter was dit onnodig, anderkant die vlei was niks, die Ganse Wêreld het daar opgehou, soos ook twee strate verder aan die ander kant van die dorp, soos ook aan die einde van ons vriende se erf in die onderdorp. (Ons Ganse Wêreld is 'n dorp genoem, daar was ander dorpe ook, dié het net bestaan wanneer ons soontoe gery het. Die res van die tyd was hulle hul eie Ganse Wêrelde.)

Op warm dae het ek op die voorstoep gestaan en kyk hoe die heining in die son skitter, dit was 'n spinnerak sonder gogga, met 'n klein voorhekkie, ook skitterend, en 'n groot hek vir inry. Die rede vir die briljante glans was dat die heining geverf was, hóé en deur wie 'n heining van ogiesdraad beskilder word, sal niemand jou kan sê nie, dit was bedek deur die blinkste verf wat enigiemand ooit sal sien. En dit was netjies. En omdat dit netjies was, het niks daarteen gegroei nie, nie 'n enkele rank-plant het sy lote gelig nie, leeg en skoon het die spinnerak daar gehang.

En hier kon 'n kind doen wat lankal nie meer moontlik is nie, jy kon reeds vroeg in jou lewe die hekkie oopmaak en die Ganse Wêreld betree. Jy kon alleen in die straat stap, sommer reg in die middel, verkeer was skaars en daar was stilte. Ouma het gesê jy kon 'n motorkar al hoor as hy by die fabriek uitry, jy sal weet wanneer jy uit die pad moet staan.

Die Ganse Wêreld is Riebeek-Kasteel genoem. En wanneer jy by die hekkie staan en links kyk, het jy die opdraande gesien, die Stoepsusters se huis bo teen die bult, dan die stopstraat en die dwarspad. Anderkant die dwarspad was vrugteboorde vol skaduwee en 'n beskutte huis waarin iemand met 'n titel gewoon het, Dominee, Sersant, Magistraat, die tipe man wie se vrou nooit sonder 'n borsspeld gesien is nie. Ek het daarvan gehou om regs te kyk. Daar het die afdraande 'n gelykte geword, jy kon stap tot by die hoekerf. Hier het ek baie gespeel, ek het geen idee wie daar gewoon het nie, maar ek het die tuin goed geken, 'n uitermate groot stuk grond sonder 'n enkele spriet gras, net roosbome, miljoene van hulle, tussenin was fonteine en bankies. Die huis was in die middel van al die rose, 'n lang, plat huis met Venesiese blindings, afstootlik en altyd toegetrek, ek kan nie onthou dat ek 'n enkele keer binne was nie.

Wanneer jy regs gedraai het, was daar 'n tennisbaan en 'n oop stuk grond aan jou linkerkant, dit was die middel van die dorp. Hier het boere met bakkies parkeer. Ek het geweet wat boere was en dat hulle op plase gewoon het en dat hulle kinders ook daar gewoon het en elke middag ná skool uit die dorp verdwyn het, maar terwyl die dorp die Ganse Wêreld was, was ek nie lus om daaroor te dink of te probeer verstaan waar die plase dan kon wees nie.

Sodra die polisiestasie aan jou regterkant verskyn het, kon jy links draai na die winkels. Dit was 'n konkoksie van geboutjies, stoepe, gangetjies, binnehowe en 'n paar woonhuise, alles aanmekaar. Heel eerste was die naaldwerkwinkel, dit het aan 'n vriendelike vrou behoort, sy was brandmaer en haar lang pikswart beenhare was elke dag platgedruk onder sykouse, die mense het dit kombersbene genoem. Daar was 'n poskantoor en langsaan 'n gangetjie met kamerdeure waar enkelpersone gewoon het, ook 'n agterplaas vol van die middelwinkel-eienaar se kinders. Ek het af en toe hier gespeel, maar wanneer daar 20c in my hand was, het ek reguit geloop tot in die winkel. Die middelwinkel se binnekant was van hout. Toonbanke met glasvoorkante het deur die hele ruimte gekronkel en gewys wat alles in die laaie was. Skroewe, lekkergoed, handskoene, blouseep, politoer, koeldrankglase, sokkies, dasse, speelgoed, appelkooslekkers, meelvisse, knipmesse, babadoeke, vlieëgif, wasgoedpennetjies, tamatiesous, koeverte, skryfblokke, potlode, gordynhakies, skarniere, sonbrille en hoofpynpoeiers het alles langs mekaar gelê.

In hierdie winkel het ek ontdek dat 'n dag sonder 'n geleentheid, selfs die geringste ontploffing van heerlikheid, 'n onuithoudbare grysheid was. So gou as wat ek die pad kon onthou, het ek my ma begin smeek om my daarheen te stuur, en sy het, twee of drie keer per week om iets te koop, altyd twee goed tesame: 'n brood en 'n bottel melk. Of 'n sakkie tamaties en 'n koerant. Of aanmaak-koeldrank en bruinpapier. Dan het daar 5c oorgebly. Hiermee kon ek twee goed vir myself koop: 'n rooiworsie en 'n klein pakkie chips. Ek was 'n rykmanskind! Reken Saterdag se hotdogs en Sondag se poeding by, dan was daar selde 'n dag sonder 'n hoogtepunt.

Sou jy nie regs draai by die roostuin nie, maar reguit aanhou, stap jy verby die klein spookhuisie, 'n miniatuur-skakelhuis met planke voor die vensters en 'n toegeboude stoepie direk teen die straat. Hier was niemand. En niemand het daaroor geprat nie. Nou kon jy weer regs draai, net ná die tennisbaan en parkeerplek vir die boere met plase wat vir eers in 'n ander wêreld geleë was, dan was jy in die hoofstraat, alhoewel die straat waarin jy so pas was, Hoofstraat genoem is.

Maar ons hou reguit aan. Op die volgende hoek is 'n motorhawe. Hier het my pa gewerk, hy was een van die dorp se werktuig-kundiges en kon alles regmaak, alle beweging op die dorp was as gevolg van my pa, almal het gesê hy was die beste in die streek.

Wat was 'n streek? Waar in die Ganse Wêreld het 'n streek ingepas? Ek het nooit gevra nie, dat Pa die beste was, was genoeg.

Hier het die grondpad begin en ook die heuwel, kerk, skool, koshuis, almal in 'n ry. Nou weer afdraand, dan volg 'n systraat na regs. Hier het almal gedraai sonder om vir 'n oomblik links te kyk. Nét voor jy draai, nét na die leë stuk grond langs die koshuis, het Die Vuurhoutjies gewoon. Wie ook al die woord *boskasie* uitgedink het, moes eers hier verbygekom het. Bome soos wat jy nêrens anders te sien sal kry nie het hier gegroei, krom en gebuig in alle rigtings, soos mal ballerinas het hulle 'n sirkel gevorm rondom 'n hut uit klei, stene, sement, hout en sink, nie 'n plakkershut nie, 'n skewe towenaarskokon met 'n aantrekkingskrag wat niemand kon weerstaan nie, as jy eers gekyk het, het jy stilgehou of stilgestaan, jy was vasgenael. Die vuilste familie in die Ganse Wêreld het hier gewoon, hulle is Die Vuurhoutjies genoem omdat almal se gesigte roetswart was. Hulle was nie sonder water nie, ook nie sonder elektrisiteit nie, ook nie sonder klere nie, hulle was net nie lus daarvoor nie. Kos het geprut in 'n pot oor 'n vuur, 'n bok het geblêr, 'n skaap het geskree, hoenders het geskrop, 'n tros kinders het rondgedwaal, in komberse gedraai of in handdoeke gebind, almal met lang bosse hare, nie klein kindertjies nie, tieners, pragtige, gespierde, vuil tieners wat skoolgegaan het wanneer hulle wou, soms tydens 'n kerkdiens in die deur kom staan het, laatnag rondgesluip het, geen kwaad gedoen het nie, net gesluip en gegrom het soos wolwe.

Draai regs, draai vinnig regs. Op 'n groot erf, twintig treë van Die Vuurhoutjies, het ons gereeld gekuier, hier het Oom Sam en Tannie Stienie gewoon. Tannie Stienie was Ouma se suster, 'n klein, dierbare vroutjie wie se gesig ek nooit kon onthou nie, my ma moes haar elke keer aan my voorstel. Oom Sam was groot en besig op die werf, orals was stapels materiaal, vele projekte het geduldig bly wag op voltooiing. Daar is ook tuingemaak, rye groente het gedy in die son, en hoenders is geslag, ja, die eerste keer het ek niksvermoedend nader gestaan toe 'n hen op 'n houtstomp neergelê is. Ek het gedog hier is 'n toertjie op pad. Lank ná die kop weg is en die pootjies ophou stuiptrek het, het ek teen die hoop teerpale gestaan en om die beurt opgegooi en gehuil.

Wat ek wel met plesier onthou, is die donkerte van die huis, 'n groot huis met 'n lang gang. Dit was 'n goeie donkerte, Tannie Stienie se oorwinning teen die hitte, sy kon 'n vertrek donker kry met lang gordyne – was daar hortjies of aftrekblindings ook? – dat ek nie die koelte kon glo nie. Ek onthou 'n keer toe die huis volkome stil was, daar was 'n lyk in die hoekkamer, die lykswa moes van ver af kom, van 'n plek wat net bestaan het wanneer 'n lykswa nodig was, en hierdie was die koelste huis denkbaar. Was dit 'n familielid? Of net 'n kennis met geen ander wagplek? Ek weet nie, maar ek onthou die vredige geleentheid, kalm en vol aanvaarding, vir my was dit geheel en al nuut en ek het daarvan gehou. Dit was soos deesdae se winkelvla, dodelik én heerlik en niemand praat daaroor nie.

'n Jaar nadat my geheue opdaag, weet ek nog nie hoeveel vrae elke mens toegelaat word nie, hierdie bevindinge is dus my eie:

Ons dorp is vinnig om te verken,
net af en toe verrassend,
mooi genoeg,
slaaptyd voel effens te vroeg,

op die oomblik het almal genoeg om te eet.
Dankie.

So was dit hier in die twee wêrelde aan weerskante van die netjies-
ste onvolledige heining in die geskiedenis.

Seuntjies

Geen idee waar hulle vandaan gekom het nie, maar hulle was gereeld daar. Om onder die groot boom langs die motorhuis te speel. Daar was die grond anders as in die sandput, ons kon huise bou en slote grawe.

Soos met die meerderheid van eersgeborenes was my slaapkamer gevul met speelgoed, alles waaraan ouers kon dink, was daar in kaste en kiste. Ekself kon aan heelwat ander dinge dink, baie beter voorwerpe om myself mee te vermaak en te onderrig, maar vir eers moes ek tevrede wees met dit wat gepas was vir seuntjies. En sover dit speelgoed vir seuntjies aangegaan het, was ek net geboei deur die verpakking.

Motors was my pa se hele wese en op 'n stadium het miniatuurvoertuie, helderkleurig, glad afgewerk en lewensgetrou, op winkelrakke verskyn. Pappas en hulle seuntjies het mal geraak en tolle, ketties, rubberdiere en houtwaens is eenkant gegooi. My pa moes mal raak sonder my, maar het steeds 'n vloot by my kamer ingedra.

Ek was nie ondankbaar nie, elke dingetjie met wiele was verpak in 'n kleurvolle kartondosie met 'n deurskynende plastiekvenster. Hierdie nuwe dosies het na fabriek geruik, dit was kraakvars met skerp hoeke en gedrukte tonele en ontwerpe. Ek was baie beïndruk deur hierdie aanbiedings uit 'n kleine glanswêreld, ek het hulle in formasies gepak en uitstallings gehou, belig met my bedlamp en my flits. Al hierdie voertuie, sportmotors, bakkies, busse, stootskrapers of vragmotors is karretjies genoem.

Gaan haal jou karretjies! Jou maatjies is hier!

Watse maatjies?

Ek wou elke keer aan my ouers verduidelik dat my maatjies reeds rondom my was, sien hulle dan niks?, maar die huisengel het dan van iewers verskyn en in my oor gefluister: Hulle is nog nie gereed nie.

Dalk wou my ma 'n nasorgbesigheid begin, dalk het my pa die ouers betaal, maar die seuntjies was daar, onder die boom, twee keer, drie keer per week. Ons het ons karretjies, grafies, emmertjies met water, plankies uit die pakkamer en botteltjies koeldrank met blou papierstrooitjies. Ons skraap paaie, maak modder, bou huise, rivierwalle en winkels. Ek bou die kerk. Elke keer. Met 'n klok en 'n klein koster voor die deur.

Langs my stoot 'n seuntjie 'n rooi ding met 'n rooi sleepwa verby die ry huise.

Gggrrrroooooomm, maak hy in sy keel.

Is jy 'n leeu? vra ek.

My pistons is gebreek, sê hy.

Ek gaan my ma sê jy vloek.

Hierdie lorrie trek swaar, sê hy.

Jy gaan die paadjie breek, sê ek, Moenie so na aan die huise ry nie, speel netjies!

Wwhhrrr! grom 'n ander kind.

Sjuut! sê ek, Hulle bid in die kerk!

Ek soek tou, sê die kind met die goue kop. Hy het kort, klipharde goudgeel hare gehad wat almal vorentoe geleun het soos soldaatjies wat buig voor 'n koning.

Ons het nie tou nie, sê ek.

As ek my strooitjie op hierdie lorrie vasbind, is dit 'n kanon, sê hy.

'n Kanon is vir oorlog, sê ek.

Die oorlog kom, sê die goue kop, Hulle wil ons goed vat.

Wie?

Die mense van die lokasie, sê hy.

Ons moet 'n muur bou, sê die een met die rooi sleepwa, Hoog, hoog, hoog!

Ons kan alles platspring voor hulle kom! skree nog een baie opgewonde.

Wat is 'n lokasie? vra ek.

Elke dorp het 'n lokasie, sê die goue kop, Hulle wil ons goed hê, so sê my pa.

Julle speel nie reg nie, sê ek, Mens maak nie kanonne nie! En mens spring nie goed plat nie!

Ons mag speel soos ons wil!

Jy mag nie! sê ek, En jy moet jou karretjies opvryf! Joune is altyd vuil en dof!

Jy's simpel, sê die goue kop.

Jy's simpel!

Ek gaan nou loop, ek speel nie weer hier nie!

Ek ook nie!

Ek ook nie!

Hulle is weg, ek is verlig, ek hardloop kombuis toe, in die onderste laai is twee baie klein ligblou strikkies, my ma het dit van my boetie se babatruitjie afgehaal. Ek hardloop terug. Ek gryp 'n wit karretjie en sit dit voor die kerk neer. Ek sit versigtig die strikkies op die enjinkap. Troukar.

Dag een

: Kan hy ons hoor?

: Nee, hy's in sy kamer. Waar's jul enetjie?

: By die buurvrou, die't 'n opblaaswembad, ek kry hom nie daar weg nie.

: Wat gaan ons doen? Dis nog net 'n paar weke!

: Wat kan 'n mens doen? Jy kan nie vlug nie, jy kan nie die tyd laat stilstaan nie, ons het maar solank die klere gaan koop.

: Ons ook, nog nie alles nie, ons moet weer gaan. Dit gaan nie die skok minder maak nie, maar 'n mens kan hom ten minste dophou as hy die goed aanpas, of die tassie sien, dalk is daar iets wat jou laat agterkom of hy een van Die Gelukkiges gaan wees.

: Ek weet! Maar ons kon nie veel wys word nie. Hy was mal oor die das wat so aanknip, hy't dit sommer in die motor weer aangesit. En die skoene! Hy sê heeltyd hy's nou groot. Soos sy nefies.

: Ons het al daaraan gedink om net blatant te lieg oor sy ouderdom en hom net 'n jaar terug te hou, dit gee 'n mens darem tyd.

: Ja, gelukkig is hulle nie van daai lang kinders nie.

: Hulle is so klein!

: Dalk verander die wet nog! Ons hoor die hele tyd van dinge wat gebeur. Daar is van hulle wat nou tuisbly.

: Dis die skatrykes, hulle kry alles reg.

: Wat van Die Prins? As Die Prins kom, is alles anders!

: Wanneer was Die Prins al ooit hier rond? Ons hoor net van ander wat gered word op ver plekke, nooit 'n plek wat ons ken nie.

: Blykbaar laat hy sommiges verdwyn, ander gaan na plekke wat absoluut net vir hulle ingerig is, party leef én leer onder koepels, mét hulle families, stel jou dit voor! Net Die Genadiges kan hulle wel sien!

: Ons kan net hoop! En rondvra! Dis mos veilig om te vra?

: Ons sal iets gedoen kry. Ek sal nie my kind laat vergaan nie.

: My kind is spesiaal, nie een van hierdie lot gaan weet wat hy nodig het nie.

: Waar is jy, Prins?

Hierdie gesprek het nooit plaasgevind nie. Hulle was wel in die sitkamer, my ma, my pa, Derick se ma en pa. Ek was in die gang en kon alles hoor, hulle het gepraat oor die prys van skoolklere, wie die kinders gaan oplaai en aflaai, tot hulle oud genoeg is om self te stap, dis regtig nie ver nie. En dit sal heeltemal veilig wees as hulle saamstap. En uit die pad staan as daar 'n ryding aankom. Behalwe as dit reën, natuurlik. En dan was daar goed soos sport en koorsing, maar dit sou darem seker eers oor 'n jaar of meer begin. So het hulle gepraat, maar Die Gesprek het nie plaasgevind nie. Hoe kon dit? Hulle het mos nie daarvan geweet nie. Ek ook nie. Ek het dit eers onlangs neergeskryf, Die Gesprek Wat Alle Ouers Behoort Te Hê Voordat Kinders Skool Toe Gestuur Word, Veral As Daar Moontlik Kinders Met Feë-sand Ter Sprake Kan Wees.

En Die Prins? Niemand het toe van hom geweet nie.

En so, 'n paar weke later, sonder ingryping, sonder trompette en boodskappers wat die nuwe wette aankondig, doodgewoon, asof dit absoluut natuurlik is, begin die skooljaar. Dag Een begin soos op 'n skip, my ma lyk soos altyd, my pa ook, die huis het nie sy vorm verloor nie, maar die res is alles vreemd, ek is onvas op my voete, die wêreld wankel. Ek het my nuwe klere aan, wit hempie, dun grys truitjie, grys kortbroek, grys sokkies, swart skoene. (Ek besef nou dat dit moontlik ander kleure kon wees, maar al daai jare se foto's was swart-en-wit, ek is dus in grys.)

In my hand is my skooltas, 'n klipharde, klein bruin koffertjie. Binne-in is 'n kosblik met toebroodjies, daar is ook 'n reghoekige plastiekbotteltjie met rooi koeldrank, 'n sakdoek, 'n appel, twee groot boeke, een met ligblou lyntjies, een daarsonder, en 'n sakkie met gekleurde potlode. Ek hou baie van my tas, dit ruik splinternuut. Ek maak die deksel oop en draai om na my kas toe.

Nee, nee, sê my ma, Jy hoef nie speelgoed saam te neem nie, hulle het alles. Kom nou, ons wil nie laat wees nie.

Dit is 'n verskriklike ding wanneer iets bekends skielik lewe kry en jou wys dat jy niks geweet het nie, jy word nou onkant gevang. Ons was al honderde kere verby die skool, dis tussen die kerk en die koshuis, op pad na drie gereelde kuierplekke, maar vandag sluk hy ons, in by die hekkie, op met die trappe, verby 'n saal, om 'n hoek, verby 'n pilaar, nog 'n pilaar, kinders, kinders, kinders, in by 'n klaskamer. Hier is jou stoeltjie, hier is jou tafeltjie, hier is jou ouers, hulle is nou vreemdelinge, hulle gaan jou net hier los, kyk hoe lag hulle, gesels met ander vreemdes, hulle waai vir jou, jy waai nie terug nie, jy kyk af. Wat skuur so? Dis die blok om jou nek, 'n donkergrys platterige, skurwe blok, dit druk teen jou maag, krap teen jou keel, dis jou vrees, van nou af altyd saam met jou, nee, jy is nie vaak nie, nee, jy is nie swak nie, nee, jou bene is sterk genoeg, dis maar net die blok wat nog nuut is, ja, die naarheid is doodgewoon, jy sal nog daaraan gewoond raak, jy dryf nou, soos op 'n skip, die skip wieg in die see, op die skip is 'n swembad, hy wieg ook en jy is in daardie water. Jy wieg saam met die wieg van die wieg. Jy gaan nie dood nie, jy vat net nie grond nie. Jy hoor alles wat jou juffrou sê en jy doen wat jy moet, sy is een van Die Genadiges, sy sien jou, sy sien jy dryf, maar sy kan dit nie keer nie, sy moet haar werk doen.

Ek het baie van Juffrou Van Wyk gehou, sy was vriendelik, nie vriendelik genoeg om te sê skoolgaan is nou verby nie, maar sy het haar ontferm. (Dis Ouma se woorde, as iemand hom of haar ontferm, is jy veilig.) Op 'n foto in my album sit ek langs haar, jy kan glad nie sien ek dryf nie, ek glimlag breed. Op my bors is 'n papiergesiggie met my naam.

Waarvan ek baie hou, ten spyte van die skip en sy gewieg en die blok om my nek en my ouers wat weg is, is die reuk in die klaskamer. Poeierverf, styselverf, waterverf, speelklei, kryte, gom, houtblokke, houtkrale, papier in alle diktes en teksture, alles saam skep 'n reuk wat ek vir die res van my lewe sou herken in ateljees en werkswinkels, die plekke waar vakmanne aanhou swoeg om iets onherkenbaars of onbereikbaars sy vorm te gee.

Van iewers kom 'n stem wat ek nie ken nie, 'n manstem, hy praat met my, sag en kalm: Dis nie so sleg nie, sien jy? Dis glad nie so sleg nie.

Buite lui iemand 'n klok. Juffrou Van Wyk laat ons in 'n ry staan.

Gaan ons nou huis toe? vra ek. Maar die blok druk teen my keel en maak my hees, niemand hoor my nie.

Dis nou pouse, sê Juffrou, Ons gaan almal saamstap tot by die bome, daar kan julle speel en julle broodjies eet. As iemand wil badkamer toe gaan, sê net vir my, dan stap ek saam geboutjie toe.

So leer ken ek 'n woord wat meer vrees en wreedheid inhou as enige spookstorie wat Oupa nog ooit kon uitdink. Pouse. My blok is swaar, ek haal hard asem en volg net die kind voor my. Ek kyk nie op nie, ek sien net skoene, daar moet meer as 'n miljoen wees, al die skoene lyk soos myne, ek kyk effens op, almal se klere lyk ook soos myne, vir wat? Sodat ons kan verdwyn soos die stukkies in my legkaart met die baie lug? My ma en pa gaan my nooit kom soek nie, hulle is by die huis met my boetie. Hoekom wil hulle my weg hê? En hierdie kinders! Hoekom gil hulle so? En spring soos bokkies? Weet hulle nie ons is gelos vir die wolwe nie? (Ook Ouma se woorde.)

Hier leer ken ek nog 'n ding, afwagting. Ek dryf, nou tussen die miljoene identiese kindertjies, niemand maak my seer nie, niemand sê snaakse goed nie, niemand gryp my broodjie nie, maar ek wag daarvoor, hier is niemand om my te help nie, Juffrou kan nie almal dophou nie, hoekom is daar 'n pouse? Hoekom moet jy weggaan van jou tafeltjie en jou tas? Jy kan mos by die huis speel!

Ek kyk op. Nee, kyk af! Daar is groter kinders by die geboutjie met die toilette. Hulle kyk vir ons. Ek hap my broodjie, ek hou van eet, maar hier proe ek niks.

Die dag hou nog 'n duisend ure aan. Ek weet nie hoe ek by die huis gekom het nie. Ek het 'n ster op my voorkop en 'n prent in my hand.

Oo, dis mooi, sê my ma, Wat is dit?

Dis 'n skip, sê ek.

Ek sien net blou, sê my ma.

Hy het gesink, sê ek.

My ma sit die prent neer.

Hoe was Dag Een? vra sy.

Wat is Dag Een? vra ek.

Jou eerste dag op skool! Môre is Dag Twee!

Moet ek wéér gaan?

My ma lag.

Ai, sê sy, Jy ís 'n grapjas!

Hoofkwartier Van Sif

My eerste skooltas was 'n klein reghoekige bruin kissie, binne was 'n kosblik, 'n botteltjie vir koeldrank, 'n blikkie met gekleurde potlode en af en toe voorbeelde van die monsteragtige kuns wat kinders in Sub A voortbring. Daar was ook 'n dun boekie met ligblou lyne. In hierdie boekie het Juffrou Van Wyk kennisgewings geplak of kort boodskappies aan die ouers geskryf. Op 'n dag, ná skool, was ek en my ma in die sitkamer, ek het die boekie uit my tas gehaal en aan haar gegee. Binne was 'n boodskap: Indien nuwe leerlinge sou belangstel om klavieronderrig te ontvang, moet ouers asseblief die skoolkantoor kontak.

Het ek dit self gelees of het my ma? Ek het geen idee nie, maar laat ek eers vertel van die sitkamer: My skooljare het plaasgevind in die tydperk toe hierdie planeet se binnenshuise dekor 'n laagtepunt bereik het, toe bruin en ougoud as pragtig beskou is, toe dik, sandkleurige matte en dik, kleierige eetgerei 'n middelklashuishouding se grootste trots was. Hierdie plaag het ons wonings getref binne twee jaar nadat die klavierboodskap uit my tas verskyn het, maar op daardie dag was ons nog veilig, die vensters was behang met lang wit gordyne waarop 'n woud van dun swart bamboes geverf is, vinnige kwashale in die styl van Japannese skryfkuns. Die meubels het bestaan uit donkergrys sitplekke met liggrys rugleunings, oorgetrek in geweefde materiaal met 'n knoppiestekstuur, aan die onderkant was dun, ronde uitskoppootjies uit ligte hout. Ons sitkamer het gelyk soos 'n vertrek waarin James Bond na 'n langspeelplaat sou luister en meisies met lang nekke wynglase sou vashou, dit was sonnig, modern en dramaties en ek het soveel tyd as moontlik hier spandeer. Met ons trek na die volgende huis het hierdie meubels en gordyne verdwyn, dit het my veertig jaar geneem om weer geverfde bamboeslap op te spoor. (Dié word nou gereeld as tafeldoek gebruik wanneer ek onthaal met my pikswart eetservies.)

Enige gesprek oor klavierlesse was onnodig. Ek het klein-kleintyd reeds begin spoeg sluk elke keer as ek my naby 'n ding met klawers bevind, in elke kerk, kerksaal, skoolsaal, eetsaal, sitkamer, orals waar my jong ouers se geloof of sosiale verbintenisse ons geneem het, was daar 'n instrument, gehawend, vals, voos of geliefd. Selfs die aaklige elektroniese huisorrels wat daai jare hoogmode was, het my gelok asof dit eetbaar was. In Wellington het ek gereeld saam met Oupa gery wanneer hy by Meneer Byleveld gaan inloer het, daar in die middel van die dorp was die werkswinkel waar klaviere herbou of herstel is, in rye en rye het hulle gestaan soos wagte voor die kluis van melodieë, ek het toe reeds besluit die hemel sal eendag gevul wees met klaviere, nie harpe soos my ma aan my voorgelees het nie.

'n Uur nadat die boodskap oorhandig is, het my ma skuins oor die straat gestap, drie erwe verder was Die Wêreld Hoofkwartier Van Sif. Hier het Mevrou Joubert gewoon. Sy was die dorp se orrelis, die skepper van daardie grote geluid wat Sondag na Sondag my jong sieletjie laat bokspring het, hoër en verder as wat enige preek kon. In haar skemer eetkamer het 'n regopklavier teen die muur gestaan, toegepak onder lappies, familielede in klein raampies, glaspotjies, porseleinfigure en 'n paar waaiers uit vreemde lande. Aan die linkerkant van die klavier was 'n skuifdeur na die sitkamer en nog verder links die boog wat lei na die groot kombuis. Die hele huis was vol goetertjies, aandenkings, geskenke, kookboeke, leesboeke, foonboeke, skryfblokke, pakkies koeverte, houers met penne, bakkies met skuifspelde, poskaarte, opdienborde, glasbekers, droë koekies, vrugte, skilderye, lampe, hekelwerk en kantgordyne. En sif. Behalwe vir die sifdeur op Oom Attie en Tannie Miems se agterstoep, moes hierdie plek alle ander sif op aarde gehuisves het, daar was sif voor elke venster en sif voor elke deur. Sif wat kon opstoot, skuif, weggly, sif wat nie kon beweeg nie, opgerolde sif wat onder die kombuistafel lê en wag het vir 'n opening. Hier moes *iets* binne of buite gehou word.

Die Wêreld Hoofkwartier Van Sif het, soos Mevrou Joubert, haar klavier en al haar besittings, my nie aangetrek of weggestoot nie, dit het my nie verwelkom of laat vlug nie, dit was donkerder as dag en ligter as nag, en ek het om een of ander rede baie, baie tyd hier spandeer, eetgoed ontvang, buite gespeel en alles verken. (Was dit ek alleen? Indien wel, hoekom? Of het my ma so gereël hier gekuier?) Ek kan vandag my oë toemaak en die hele agtertuin onthou. Die bome – vyebome, suurlemoenbome, moerbeibome, bome sonder vrugte, bome met dun rankplante wat afhang, bome waaraan voëlkoutjies met oop deure swaai, almal met wilde takke soos wesens wat met opgehewe arms té na aan mekaar dans – het gegroei tot teenaan die buitegebou met die waskamer, stoorkamer en garage. Net die garagedeur was sonder sif. Rye netjies gelêde bakstene het 'n spoor gevorm na die breë hek. En daar was 'n prieel, 'n welige groeisel met druiwe wat nooit wou ryp word nie, waaronder dit altyd koel en donker was, maar ook altyd mooi. Groen krulle het hulleself luierig teen die dun teerpale drapeer.

Hier het my ma aan Mevrou Joubert genoem dat ons nie 'n klavier het nie, maar dat ek sonder twyfel musiekles gaan ontvang en dat ek iewers sal moet oefen. Mevrou Joubert het verduidelik dat sy elke middag om presies drie-uur 'n bietjie gaan lê in die agterste kamer en dat ek welkom was om haar klavier te gebruik, dit sou haar nie pla nie, daar was 'n eetkamerdeur, gangdeur en kamerdeur tussen haar rus en my talent.

Ek het geoefen met dom vingers, drie middae per week, van drie-uur tot vieruur. Nuuskierig en gedrewe het ek my eenvoudige blertsies musiek ontdek en leer ken, alleen in die skemer, dankbaar vir die klavier en die droë koekies wat af en toe vir my neergesit is, maar elke keer, soos met die meerderheid ander plekke wat ek vir die res van my lewe sou besoek, volkome ongemaklik. Beide produktief en ontuis. DIE ONGEMAKLIKE LEWE. THE UNCOMFORTABLE LIFE. Die boek en lied wat ek altyd wou, maar nooit sou skryf nie, dit het hier 'n naam gekry.

Toe, op 'n doodgewone dag, stap ek ons huis binne, ek was moontlik by die skool of by die Stoepsusters of by mense met kos, maar ek was vir 'n paar ure weg. Soos gewoonlik hardloop ek kombuis toe. My ma sit by die tafel, my boetie sit in sy hoë stoeltjie. My pa staan by die wasbak. Hulle lyk anders as voorheen.

Wat nou? sê ek.

Niks, sê my pa.

Die koerant lê op die bank, gaan kry dit gou, ek wil vir jou iets wys, sê my ma.

Ek draai om. Iets is fout. Ek loop tot in die sitkamer en kyk na die bank.

Waar's die koerant? skree ek.

Agter jou! skree my pa.

Ek draai om. Teen die muur staan 'n klavier. Tjoepstil, kiertsregop, splinternuut, uit dowwe hout soos die nuutste mode, 'n kordate stoeltjie met vier gekrulde pootjies, alles hier in James Bond se vertrek. Ek lig die deksel en streel oor die klawers. Ek sê nie dankie nie, ek speel nie 'n noot nie, ek sit nie op die stoeltjie nie. Ek staar. My gesin staan in die deur.

Wie s'n is dit? vra ek hees.

Joune, jou lawwe kind, sê my ma.

Uit Byleveld se stoor, sê my pa.

Ek was in geen ander plek waar ons as familie ooit sou woon so gelukkig as in dié huis met die vertrek met die klavier en die bamboes en die son en die grys jazz-meubels nie. Ek kan nie meer Mevrou Joubert se gesig onthou nie, maar elke keer as ek terugdink aan Die Wêreld Hoofkwartier Van Sif is daar nog 'n venster sonder sif, nog 'n deur wat oopstaan, nog meer lig. Dalk was daar nooit een stukkie sifdraad nie, wie sal weet?

Nou is dit moontlik anders, in daardie jare het 'n kind beslis nie geweet wat sy ouers se inkomste was nie, hoeveel hulle moes opoffer vir 'n groot oomblik nie. En 'n kind weet tot vandag toe selde wanneer 'n hoofkwartier in die nabyheid verskyn, wanneer die geleentheid om die onbereikbare aan te raak homself openbaar, wanneer 'n poort, verskans as ornament of instrument, verskyn.

Vegkuns

Was dit die antwoord op my ouers se gebede? Was dit die truuks van 'n bose elf of blote toeval? Japan is baie ver van Riebeek-Kasteel. Maar dit gebeur inderdaad dat 'n judo-instrukteur bereid is om die dorp se seuntjies een keer 'n week te kom oplei in Oosterse vegkuns. Ons het 'n keuse, judo of rugby.

Ek is amper ag jaar oud en voel weke lank diep verontreg nadat die dogtertjies by 'n verjaarsdagpartytjie elkeen 'n pop met 'n wit rok ontvang het. Hierdie popklere is gemaak uit 'n spesiale materiaal waarop patrone en prentjies geteken kon word en dan gewas word om dit weer en weer te doen! Die seuntjies het elkeen 'n brandweerwa ontvang. Ek het 'n gat bo-in myne gemaak en dit begin vul met muntstukke, ek sal my eie tekenklere koop.

Ons moet rugby speel of judo doen, sê ek vir my ma.

'n Judo-pak is baie duur, sê my ma.

Hoe lyk 'n judo-pak? vra ek.

Soos pajamas, presies soos wit pajamas, sê my ma.

Ek doen judo! sê ek.

Ek gaan daai pajamas inkleur, vol drake teken, moontlik plak met blink goed, dis hoe ek besluit.

Ons koop die pajamas by die skool, die baadjie het glad nie knope nie, net 'n lyfband. Dinsdagmiddag drie-uur staan ons almal in die saal. Daar is matte op die vloer. Ons staan in rye, wit pajamas, ligblou lyfbande, ons lyk soos dwergies in 'n storieboek met net een kleur. Die instrukteur is jonk en vriendelik, hy lyk nie grommerig soos die ander onderwysers wat sport afrig nie. Hy vertel ons dat hy elke middag judo-lesse gee op 'n ander dorp, dis vir hom 'n voorreg, judo maak die wêreld verdraagsaam en veilig.

Judo bestaan uit vinnige besluite en beweging, sê hy, Ons val nie aan nie, ons verdedig.

Dit gee my selfvertroue. Ek steek my hand op.

Kan ek my belt groen of pienk maak?

Van die seuntjies proes.

In judo het ons range, jy kleur nie jou gordel nie, jy verdien hom, sê die instrukteur.

My moed sak tot op die saal se vloer, oud en jonk, almal stel jou teleur, niks is soos wat dit behoort te wees nie, niemand is verdraagsaam nie, niks is veilig nie. Maar dis beter as rugby.

Voor ons kan veg, moet elkeen 'n maatjie kies, ek kies vir Gideon. Hy het 'n sagte gesig soos ek en het ook gehuil by die atletiek. Die instrukteur verduidelik van grepe en gooie. En dat dit belangrik is om te weet hoe om te val. Een moet gooi en een moet val. Gideon gryp huiwerig na my gordel. My baadjie gaan oop.

Moenie, sê ek.

Ek gaan lê self en Gideon lê bo-op my. Later lê ek bo. Wanneer die instrukteur nader kom, ruk en pluk ons 'n bietjie aan mekaar se klere. Judo is glad nie sleg nie. Ek weet net nie hoe hulle ooit sal bepaal wie val aan en wie verdedig nie.

Op 'n baie warm Dinsdagmiddag stap ek huis toe ná nog 'n judo-les. Ek is vies oor die hitte en oor my klere en gordel wat nooit van kleur verander nie. Ek is lus vir 'n worsie by die hoekwinkel, maar 'n judo-pak het nie sakke nie en dus het ek nie 5c by my nie.

Jy! Mammagesig! sê 'n stem.

Ek kyk om. Skuins agter my loop Fudge. Hy was 'n lang kind wat gelyk het asof hy elke dag by die see was, bruingebrand met polisiespiere, kort stokkieshare en oranje wenkbroue. Almal het geweet dat hy moeilikheid maak met kinders en vriendelik is met grootmense. Hy was groter as enige van die kinders in die skool, dalk was hy dom, maar niemand het gevra nie. Hy het nog nooit met my gepraat nie. Hoekom nou? Wat gebeur? Ek kyk voor my.

Jy! Popkop! sê hy.

Ek hoor al die onheil en al die vlamme van die hel in sy stem. Ek raak warm agter in my nek, oor my hele kop. En yskoud aan die agterkant van my bene, ek bewe soos 'n masjientjie, dit gaan nooit, nooit weer ophou nie, dis hoe 'n kind verander in 'n spokie.

Skoenlapper! Ek gaan jou seermaak! sê hy, nou baie nader.

Vrek, vark, vrek, sê ek saggies, my droë lippe klou morsdood aan mekaar. Ek het dit 'n paar maande vroeër gehoor by die kerkkamp toe twee skoonmakers vuisgeslaan het agter die vullisdromme, vrek, vark, vrek. Ek het dit gebêre en sê dit nou.

Daar is 'n skielike geruis, soos 'n arendvlerk. Tannie Gagiano hou langs my stil met haar verskriklike groot Peugeot.

Ek weet dis net 'n perdespoeg huis toe, maar klim in, netnou smelt jy in hierdie son, lag sy.

Ek klim in. En ek bewe soos ná 'n bad in die winter.

Jy moet jou nie steur aan daai Fudge-kind nie, hy's net wind, die Here gee en die Here neem, sê Tannie Gagiano.

Sy hou stil voor haar huis.

Wil jy inkom vir lemoensap? vra sy.

Nee dankie, Tannie, bewe ek.

Dis net die leë erf langs haar huis en dan is dit ons huis. Twintig kindertreë, maar dit neem my honderd lang jare voordat ek ons hekkie oopstoot. Ek kyk nie een keer om nie. Ek is 'n spokie, vorentoe, vorentoe.

Ek het hom nooit weer gesien nie. Twee weke later, net voor eerste pouse, het die skoolhoof ons klaskamer binnegekom en met 'n sagte stem verduidelik dat Fudge nie weer sou terugkeer na ons skool nie, hy het die vorige dag verongeluk, hy was met sy fiets op die Bothmaskloofpas. Die hoof het gesê dit was goed om hartseer te wees en as iemand sou wou huis toe gaan, was hulle welkom om dit te doen.

Ek het buite op 'n muurtjie gaan sit en my kosblik oopgemaak. Binne-in was bruinbrood met grondboontjiebotter. Ek kon dit nie glo nie, my ma het tog geweet ek eet nie grondboontjiebotter nie, ek eet dit nie, ek eet dit nie. Maar sy het bly aanhou, een keer per week was dit in my kosblik. Ek kon dit nie glo nie.

Luuks

Tegnies is ek nog baie jonk, een of twee jaar uit kleuterskap. Ek is ontevrede en ontuis, maar ek neem aan dat alles op 'n later stadium aan my verduidelik sal word, ek swyg dus soveel as moontlik, ek wag soos 'n soet kind om te hoor hoe dinge werk. My daaglikse behoefte is om almal op die dorp saam te roep en dan sonder enige beheer histeries te gil, Reg! Dis tyd! Sê my wat is aan die gang! Hierdie is verkeerd! Wat steek julle weg? Hoekom hou dit so lank aan?

Dit wat te lank aanhou, is my donkerte en my swaarte. Ek kan reeds aan elke klip in die voortuin en elke riet agter by die sukkelende vlei beskryf hoe die ure van my dag verloop. Gewoon. Gewoon. Sleg. Sleg. Baie sleg. Uitasem. Agterdogtig. Beter. Gewoon. Amper lekker. Weer sleg. Baie, baie sleg. Morsdood. Lewe nog. Bietjie beter. Slaap.

AMPER LEKKER is dus die beste tyd van my dag, dis hoe goed dit met my gaan. LEKKER of BAIE LEKKER is net by Ouma se huis, nie hier nie. Ek moet dus aan myself die verduideliking gee: Ek kan nie doen wat ander kinders doen nie, hulle is ligter en het nie 'n Groot Grys nie. Die Groot Grys leef in my skoolsak. (Waar anders? Die swaarte begin elke oggend wanneer ek my tas optel, Saterdae is ligter, Sondae begin die grys weer saampak.) Hoe die Groot Grys lyk wanneer dit in die donkerte van my tas is, weet ek nie. Sodra ek begin stap, skud my sak, die Groot Grys vind gaatjies en begin dan uitsypel na buite. Soos 'n giftige mis hang dit om my, net vir oomblikke, dan begin hoeke vorm totdat die skemer vierkantig is soos 'n groot kartondoos wat net my kop en voete laat uitsteek. Hierdie blok word swaarder en ligter, groter en kleiner, dit laat my stadiger loop, vassit in deure, struikel op trappe, stamp teen mure, dit maak my vingers dom naby die klavier, sorg dat ek nooit leer hoe om iemand te druk of te omhels nie, nooit, ooit na iemand se arms hardloop nie. Ek weet dis nie my verbeelding nie, ek kan hoor hoe hulle fluister, sekere mure, die leë huisie op die hoek waar die teer eindig, die hekpilare voor die kerk: Hier kom die swaar kind! Sjtt, hy het sy donker by hom!

Ek vertel myself dat daar 'n aangewese tyd is, ook 'n wese, reusagtig en aanskoulik, moontlik soos talle helde geklee in metaal, flink en baie slim, dié sal opdaag, vinniger as 'n valk, die Groot Grys met die lig van 'n arm opraap en neem na die strafkamp waar alle grys moet leef.

Die wese daag toe op, een middag ná skool, geklee in 'n bruin pinafore met 'n mosterdgeel truitjie, wagtend in die gang. Dis my ma. In haar hand is 'n opgerolde bondel bont papier met 'n velletjie bruinpapier rondom. Sy hou dit uit na my. My naam en ons adres is op die bruinpapier getik.

Wat is dit? vra ek.

Dis die tydskrif wat ons in die *Huisgenoot* gesien het, sê my ma, Onthou jy nie? Pa het gesê ons kan dit maar bestel.

Ek haal die bruinpapier versigtig af, nie 'n skeurtjie nie, ek gaan dit bêre. Ek rol die tydskrif oop. Daar is 'n sagte geluid en die varing in die gang beweeg, dis die Groot Grys wat vlieg, eers tot teen die voordeur en toe terug tot in my tas.

Dis anders as toe die klavier verskyn het, daardie oomblik was 'n draai na 'n nuwe drumpel, wat ek nou vashou, is 'n luukse, ons leef eenvoudig, 'n ding met jou naam op, iets wat afgelewer word sodat jou grys kan vlug, is byna onwerklik.

Bollie was 'n tydskrif vir kinders, vol strokiesverhale, onder andere die avonture van 'n konynfamilie met Bollie as hoofkarakter. Ek het elke woord en prent verslind, ek kon ná die tyd nie een verhaal onthou nie, my vreugde was die papier, die kleure, hoe Bollie en sy lewe geteken is, hoe die ink geblink het op die bladsye, hoe die papier gekraak het, hoe iets ruik wanneer dit splinternuut is, wanneer dit verpak is voordat dit op 'n winkelrak kon lê of sorgeloos hanteer word. Weer en weer is *Bollie* afgelewer, 'n hele middag en 'n hele aand sonder grys. Ek het dit soos juwele opgepas, weggesteek voordat my boetie dit kon verrinneweer, oor en oor deurgeblaai, my verbeel ek woon in 'n plek waar etenstafels lyk soos dié van 'n heldergeklede konynfamilie, waar koeke en poedings so groot is soos die gaste, waar rosyne uit brode peul en rook trek uit bekers warm sjokolade. Tot vandag toe word dit in ons gesin gebruik as beskrywings: Bollieboekkoekies, Bollieboekbrode, Bollieboektorings.

Later was daar nog tydskrifte, *Patrys*, *Tina*, *Panorama*. *Patrys* was vol aktiwiteite, feite en uitknipdinge, dit sou my hart breek om een van my kosbaarhede op te knip, ek het net geknip wanneer my ma klaar was met *haar* tydskrifte. *Tina* was eksklusief vir tienermeisies en vir my, hóé dit in ons huis beland het, hóé my pa dit toegelaat het, weet ek nie. Die *Panorama* was 'n groot tydskrif met duursame papier, volbladfoto's van die natuur – waarin ek geensins belanggestel het nie – en artikels in 'n taal wat geen kind kon boei nie, maar dit is afgelewer in 'n groot koevert sonder enige voue en dit het geruik soos belofte, nuut en geheimsinnig. Ek het dit hanteer asof dit 'n boodskap was uit 'n verre sfeer, 'n dokument vir die adel.

Die Groot Grys sou vir altyd by my bly en later sou ek slimmer word en vele ontsnappings prakseer, maar daar in die dorpie van vroeë skooljare en ontelbare gewaarwordinge was papier my eerste weelde en gereelde redding. Op tydskrifdae kon die klippe en riete weet, hier is dit BAIE LEKKER.

Papier is die draer van boodskappe, die herder van die aarde se grootste verhale, die bewys van kunstenaars se onsterflikheid, iewers word huise daaruit gemaak, orals word daaruit geëet, iewers word dit gedra as klere, dit bring verjaarsdagwense en Kersfeesgroete, dit waai mense koel, dit is die bewys dat jy geslaag het, dit omvou geskenke.

Ná die eerste tydskrifte volg daar vele koeverte, ek het gesweef wanneer ek presteer het, gegil wanneer ek iets gewen het, geskrik as ek teleurgestel het, gewalg toe ek my eerste oproepinstruksies vir diensplig ontvang het. Later was daar wrede papiere, die wegwys van liefde, giftige koerantresensies, aanmanings vir studieskuld.

Vir eers was dit net vreugde. En toe, kort ná die eerste *Bollie*, verander my en my pa se lewens.

Ek verjaar. My ma maak 'n koek, dis 'n lokomotief uit sjokolade, ek kan nie my oë glo nie, hoe het Ma hierdie hele ding gemaak? Oupa en Ouma daag op uit Wellington. Dis een van die beste dae ooit. Maatjies daag op. Wie't hulle genooi? ('n Bietjie grys ontsnap uit my tas.) Ma sit die koek neer en almal sing. Ek wil die skoorsteen eet. Ek breek dit af, dis 'n leë toiletrol met versiersuiker. (Nog grys.) Ek besluit ek sal die kajuit eet. Dis 'n leë tissue-doos. (Baie grys!) Uiteindelik is daar iets om te eet, die sjokolade-rol in die middel, maar ek is nie meer lus nie. My pa gee my geskenk, dis 'n rugbybal, splinternuut en ligbruin, uit leer of plastiek, ek maak my oë toe en wens, ek maak my oë oop, dis nie 'n paaseier nie, steeds 'n bal. Ek laat dit lê. Ouma gee haar geskenk. Dis toegedraai in Kersfeespapier. (Die grys raak minder.) Ek maak dit oop. Dis 'n papierpop, 'n meisie met velle en velle klere wat jy kan uitknip, met klein strokies wat om haar lyf vou en die klere laat bly kleef. Sy kan 'n prinses wees, 'n skooljuffrou, 'n polisievrou, 'n dame met haar eie winkel.

Een ding van Ouma – sy kon inkopies doen soos geen ander. Sy het gereeld groot bruin papiersakke by haar kombuis ingesleep en begin uitpak. Twintig dose kanariesaad. Dertig bottels hoesstroop. Veertig pakkies oranje haarkleursel.

Oupa: Wat maak jy met die saad? Wie het budjies?

Ouma: Dit was op uitverkoping, dis mos simpel om so 'n bargain daar te los.

Oupa: En die stroop? Wie hoes?

Ouma: Jy! Binnekort!

Oupa: Nee magtag, Ouma, en die kleursel?

Ouma: Ben, daai apteek maak toe, die goed is afgemerk, as die verkeerde vrou dit in die hande kry, gaan sy haarself bespotlik maak, ek moes dit vat.

Ouma was beslis iewers in 'n winkel, het moontlik met 'n vragmotortjie of 'n stel boublokkies gestaan en toe gesien die papierpoppe is baie goedkoper. Dis al. Maar dit verskuif my werklikheid so vinnig soos wat jy 'n skêr uit 'n laai kan haal. My prinses verander van gedaante binne minute, sy beweeg tussen wêrelde. Die maatjies verdwyn, Ouma-hulle vertrek, Ma was skottelgoed, Pa bad my boetie, ek is in my kamer, die deur is toe, die grys is weg, ek knip 'n bloes. Ek droom nie van 'n vlegsel oor my rug of 'n rok oor my lyf nie, ek wil nie 'n meisie wees nie, ek het bloot werk om te doen, ek trek my prinses aan en ek hoor hoe sy praat, sy sê die vreemdste ding: Eendag kan jy net so vinnig van klere verander.

Wanneer? vra ek.

My pa maak die deur oop. Ek kyk nie op nie. Hy maak die kas oop en sit die rugbybal onder by my skoene. Hy sê niks, hy maak net die deur agter hom toe. En hy het dit weer gedoen, elke keer as ek sy hart breek.

'n Tafel vir Prentjie

Iewers naby die kerk het die hoofstraat se teer verdwyn en daar waar gruis in grond verander het, het hulle op 'n ry gesit: kerk, skool, tennisbane, koshuis. In hierdie koshuis het my ma 'n paar keer per week gewerk, sy moes toesig hou totdat die son begin sak. Op hierdie dae moes ek ná skool my tyd daar deurbring, ek het geen idee waar my boetie was nie.

'n Paar jaar gelede het ek die dorp vir die eerste keer besoek nadat ek op die ouderdom van nege daar weg is. Ek is genooi om 'n vertoning in die kerksaal te lewer, hierdie saal was altyd 'n reusegebou waar al die dorp se planne begin het of beëindig is, ek was geskok om met my terugkeer te sien hoe klein en beknop hierdie saaltjie inderdaad was. Dit het al 'n paar keer gebeur: kindergeboue wat met die jare só gekrimp het dat dit tydens 'n herbesoek meestal onherkenbaar en altyd erg teleurstellend was. Dit sou dus ook die geval wees met die koshuis, maar vir die doel van hierdie verhaal hou ek hom in sy oorspronklike vorm, lank, bleek en verdoemend.

Die inwoners het bestaan uit plaaskinders – die nasate van voorspoedige én sukkelende boere – wat almal Vrydagmiddae terug is huis toe, stadskinders wat hierheen gestuur is om uit die moeilikheid te bly en 'n paar dorpskinders uit families té ellendig vir enige vooruitsigte. 'n Paar moes naweke en selfs vakansies hier bly. En wanneer my ma op diens was, het ek gedwaal, middag na middag.

Die jongste kinders het buite gespeel, die res moes huiswerk doen in die eetsaal, ek was ook nog te jonk vir rêrige huiswerk en het gedwaal. Die voordeur het oopgemaak in 'n klein portaal en daarna kon jy links of regs draai in 'n lang gang met bleek, blink vloere en, aan weerskante, baie deure. Daar was 'n vergete sitkamer, 'n kantoor, slaapkamers vir personeel, slaapkamers en slaapsale vir skoliere (ek weet nie hoe dit bepaal is wie in sale slaap en wie in kamers nie), badkamers en die eetsaal. Aan die einde van die gang, beide kante, was daar skerp draaie na nog kamers en die agterste lang vleuel wat bestaan het uit waskamers, stoorkamers en die kombuis, uit die lug dus 'n perfekte 8.

Hier was geen plesier nie, dalk vir ander, maar ek kon niks opspoor nie, nie 'n enkele mooi ding nie, geen geheimsinnige hoekies of dansende skaduwees, net leë mure, kamers en kinders. En Die Reuk. Daar was 'n onmiskenbare reuk wat nie vir 'n oomblik wou wyk nie, nie die van skoonmaakgoed wat steeds so gewild is in blink gange nie, nie die van hoenderpastei wat moet bak in groot oonde nie, nie die van koffie wat moet ontsnap uit 'n personeelkamer nie, dit was 'n dooie reuk, 'n onverbiddelike grys reuk, my ma was uiters ontsteld toe ek eenkeer voor die ander kinders aan 'n sny brood begin ruik het, ek kon nie help nie, ek was seker Die Reuk het weggekruip in die dik snye doodsbrood wat daagliks voor elkeen neergeplak is. Geen botter of konfyt kon hierdie grou sponse vermom nie.

Dalk was dit die resepte van daardie jare of die feit dat elke dorp nie iemand soos my ouma gehad het nie, maar uit daardie groot kombuis het net moegheid en vaalheid verskyn. Ek wou skree, Waar is die beskuit, waar is die skons, waar is ons koekies, ons is kindertjies! Dis daar waar my groot gril begin het, wanneer die skinkborde met plastiekbakkies vol dryfsand en begrafnismodder die eetsaal binnegedra is. Ek het gewag tot my ma wegkyk en is dan gangaf.

Dit was tydens een van hierdie woedende ek-gril-en-ek-is-hongerwandelinge dat ek sien een van die seuntjies se kamerdeur staan oop. Hy sit op sy bed en blaai deur 'n boek. Sy voete hang in die lug. Ek het nooit geweet wat sy naam was nie, in my gedagtes het ek hom Prentjie genoem. Hy was die oudste kind in die koshuis, maar ook die kleinste, hy was stil en baie mooi, dit het gelyk asof hy geteken was, sy klere was nooit vuil of gekreukel soos ander kinders s'n nie, daar was nooit 'n blonde haar uit sy plek nie, hy het nooit skoorgesoek nie en net gepraat wanneer iemand hom 'n vraag gevra het. Dis hoe al die kinders in die wêreld moes wees. Ek het baie van hom gehou.

Ek het na Prentjie in sy dorre kamer staan en kyk, nie lank genoeg dat hy sou opkyk nie, maar lank genoeg om te sien daar was niks moois nie, nie 'n matjie nie, nie 'n stoel nie, net 'n bed en 'n kas met 'n tas bo-op, die mure was leeg, die enigste prentjie was Prentjie. Hoekom was hy nie saam met die res in die eetsaal nie? Vlug hy ook vir Die Reuk? En waar sal hy gaan? Hy het net sy lelike kamer, ek het hom so jammer gekry, ek het vir dae gewonder wat ek sou doen as ek in 'n kamer moes woon sonder enige van my goed.

Dit was 'n warm weeksmiddag, 'n paar kinders het lusteloos langs die koshuis gespeel, die res het in die eetsaal na hulle boeke gesit en staar. Ek was in die gang. Prentjie se kamerdeur het oopgestaan. Ek het nader gestap om te loer. Hy en sy boek was nie op die bed nie. Maar die Geel Juffrou was langs die bed op haar knieë. Sy was een van die onderwyseresse wat in die koshuis gewoon het, sy was jongerig met kort liggeel hare en 'n besonder breë gesig, daar was 'n dimpel in die middel van elke wang wat haar laat lyk het asof sy heeltyd glimlag. Sy was die Standerd Twee-juffrou en het elke dag 'n geel truitjie gedra.

In haar hand was 'n potlood. Sy het 'n dun horisontale lyntjie teen die muur getrek, toe het sy nog een direk onder die eerste lyn getrek en die twee aan albei kante verbind. Daarna het sy vanaf die linkerkantse hoek twee dun strepe na die vloer getrek, ook aan die regterkant, 'n tafeltjie!

My ma verskyn in die gang.

Kom jy? sê sy.

Aan die een arm hang haar handsak, aan haar ander arm hang my boetie. Hy herken my en lag met 'n oop mond, hy knak sy knieë en spring op en af op sy kort beentjies. Huis toe gaan, groot speel tot aandete, dan bad tot die hele vloer onder water was, dis waarvoor hy op koshuisdae gewag het. Maar ek was nie lus vir speel nie. Iets was aan die gebeur. Waarmee was die Geel Juffrou besig? Ek het geweet slaap laat kinders groei, maar ek was die hele nag wakker.

Die volgende dag het skool vir ure aangehou, kry tog klaar! Ek het met die trappies afgestorm, verby die tennisbane, in by die koshuisvoordeur, in die portaal gaan staan en hygend gewag dat al die kinders die eetkamer in verdwyn vir middagete en Die Reuk. Ek het gebid Prentjie se deur was oop.

Uiteindelik. Die gang is leeg. Prentjie se deur is oop. Langs sy bed, presies waar daar geteken was, staan 'n tafeltjie. Ek snak hardop na my asem. Dis hoekom hy sy eie kamer het! Dis hoekom hy so klein is! Dis hoekom hy nie praat nie! Hier word getoor, dis 'n kamer van truuks!

Maar hoekom net die tafeltjie? Hoekom nie 'n stoel nie? Was die Geel Juffrou bang sy word betrap? Ek maak my skooltas oop, ek gryp na my potlood. Die kinders eet nie vir lank nie, dan kom hulle kamers toe vir skoolklere uittrek en speel voor huiswerk. Wat ook al hier aan die gang was, ek was steeds jammer vir Prentjie. Langs die tafel teken ek vir hom 'n stoel, ek teken vinnig en die pote is skeef, maar hulle sal regkom met die toor. Ek teken ook vir hom skilderye teen die muur, storieboeke op 'n ry, 'n ekstra venster wat uitkyk op 'n rivier met visse en bootjies, 'n groot potplant met vingerblare soos op ons voorstoep, 'n blik met koekies, nog 'n blik met beskuit, 'n radio, 'n staanlamp, twee vet katte en 'n fiets. Dit gaan die mooiste kamer wees, hiérna is Prentjie my maatjie.

Jou ma slaan jou dood, sê 'n stem.

Ek ruk om. Een van die kombuistannies staan in die deur. Dis sy wat altyd die stink brood sny en in stapels pak.

Wie krap op 'n muur? vra sy.

Die Geel Juffrou, sê ek.

Jou ma slaan jou twee keer dood, jy mag nie Geel Juffrou sê nie!

Sy het die tafel geteken, toe toor die kamer dit lewendig! Ek teken net goetertjies, hy het niks!

Sy het net gemerk waar die lessenaar moet kom, as 'n voorbeeld, dat die helpers moet weet waar, al die ouer kinders kry lessenare langs hulle beddens!

Nee!

Ek huil kliphard. Die kombuistannie wikkel haar neus.

Moenie huil nie, sê sy, Hulle gaan jou hoor. Ons kry 'n lap en maak gou skoon.

Sy draai om en verdwyn.

Ek huil van skrik en oor daar nie wonderwerke is nie en oor twee keer se doodslaan. En oor Prentjie wat net 'n tafel het. Twee kombuistannies verskyn. Elkeen met 'n groot lap en 'n spuitbottel. Die eerste een sit haar hand op my kop.

Gaan was jou gesig, ons sal nie 'n mens vertel nie, sê sy.

Ek stap in die gang af. Ek hoor hulle praat.

Wat het hier gebeur? vra die een.

Die snaakse enetjie wou toor, sê die ander, Sy arme, arme ma.

Kerkkamp, maalvleis, Nero

Ek sit agter in die motor. Langs my sit my boetie in sy motor-
stoeltjie, 'n primitiewe uitvindsel van metaal, seil en leer, 'n gro-
teske tuinstoel sonder pote. My ma sit voor met 'n mandjie op
haar skoot. Agter die motor is my pa besig om die laaste van die
stel blou tasse in die kattebak te laai. Hy klim in die motor en
draai die sleutel. Ons ry agteruit tot in die straat, my pa trek die
handrem op, dit maak kkrrrr! soos wanneer 'n hond deur 'n been
byt. My pa klim uit, trek die hek toe en klim weer terug in die
motor. Ons ry verby die klein wingerd, op teen die bult, verby
die Stoepsusters se huis en draai regs. Ek voel 'n kol op my maag,
die senuwee-muisie begin skielik aan my kou. Vir alle lekkertes,
Ouma se Wellington, inkopies, Johannesburg se Kaap (dis hoe
Oupa die Paarl genoem het), draai ons altyd links.

Waantoe gaan ons? vra ek.

Ons is op pad kerkkamp toe, sê my ma.

Waar is dit? vra ek.

Nog 'n entjie, sê my pa.

Wat gaan ons daar doen? vra ek.

Ons gaan kuier, sê my pa.

En sing, sê my ma, Ons gaan Bybel lees, vir julle kinders stories vertel, ons gaan hande vat en al in die rondte dans. En ons gaan baie bid.

Ons kan mos by die huis ook bid, sê ek.

Partykeer moet 'n mens vir 'n tydjie weggaan, sê my ma, Jy moet saam met mense wees wat dink en glo soos jy, jy moet stilte hê dat jy kan konsentreer.

Grrts, grrts, kou die muisie.

Ons kan mos by die huis konsentreer, sê ek.

Ja, jy kan, maar dis nie dieselfde nie, sê my ma.

Partykeer moet kinders minder praat en net gehoorsaam wees, sê my pa.

Hy draai links, op in 'n klein straatjie, hou stil voor 'n metaalhek, draai sy ruit af en waai met sy arm. Iemand stoot die hek oop en ons ry tot onder 'n afdak. Daar is baie motors, rye en rye staan hulle onder parallelle afdakke.

Hier is ons, sê my pa, Kom ons gaan soek ons rondawel.

Ons huis was aan die bokant van Riebeek-Kasteel, die kerkkamp was reg in die middel van Riebeek-Wes. Die afstand tussen die twee was ses kilometer. My ouers het elke tas wat ons besit volgepak, my boetie aan 'n gogga vasgegespe en my senuwee-muis wakker gemaak sodat ons minder as tien minute kon ry om in die rondte te dans en te konsentreer.

My pa maak die kattebak oop.

Rugbybal, sokkerbal, strandbal, ek het almal gebring, sê hy, Hier is baie kinders en baie grond, julle kan speel tot julle moeg is.

Dit was die laaste woorde wat ek gehoor het. Daarna het ek monde sien beweeg, oë sien knip, die son sien opkom en ondergaan, mense sien skarrel, hande sien kitaar speel, vuurhoutjies lanterns sien aansteek en komberse moeders en hul babas sien huisves. Daar was 'n ry geboutjies met puntdakke, sement, asbes, sink, hout, karton, wie sou weet wat gebruik is om hierdie menshouers mee te vervaardig, wie sou weet hoekom my pa dit rondawels genoem het. Daar was enkele bome op 'n groot oppervlakte met arm gras (my een oom se eerste vrou het altyd haar sonbril opgesit uit vrees dat sy verby arm gras moes ry; Haat dit! het sy gesug, blykbaar was dit die resultaat wanneer 'n grasperk net genoeg water gekry het om nie te vrek nie, maar te min om behoorlik groen te wees), 'n saal waarin samekomste gehou is, 'n systoep waar maaltye vanaf langtafels bedien is en langsaan 'n vierkantige gebou wat bestaan het uit 'n stoorkamer en 'n groot kombuis. Waar hierdie twee geboue ontmoet het, was 'n vierkant, donker en buite sig, hier het vullisdromme en kratte en tuingereedskap gestaan. Hier het ek elke dag kom loer. Op 'n stadium gee een van die aarde se groot en onsigbare heersers, Perversie, aan elke kind 'n onsigbare klein handlanger wat hom sal lei na plekke en situasies waar onbehoorlikhede – stoute goed – moontlik mag plaasvind. Dit was hier dat ek op die laaste dag, toe die vooruitsig van terugkeer na ons tuiste my gehoor geleidelik teruggebring het, twee werkers sien vuisslaan het en een die dodelike opdrag, Vrek, vark, vrek, gesis het.

Een ligpunt tydens my tyd in die kamp: Daar was maalvleis, baie maalvleis. Bobotie, herderspastei, wors, frikkadelle, ronde en langwerpige vleispasteitjies, spaghetti met maalvleis en tamatie, maalvleis met gebraaide uie en gerasperde kaas, ek was verstom oor die groot metaalbakke, die hoeveelhede, die reuk. Al groot hoeveelhede wat ek geken het, was die koshuisvoer en die stank daarvan. Hier was dit byna feestelik. Uit die groot kampkombuis het drie maaltye per dag verskyn, ook tee in die oggend en warm melk in die aand. Elkeen van hierdie vyf bedienings is aangevul met brood. Roosterbrood, toebroodjies, dik snye vars brood in gelid op skinkborde, broodvingers gedoop in eier en gebraai, ook broodpoeding. Ek het net twee soorte brood geken, winkelbrood, wit, bruin of heelgraan, sag en doodgewoon, en plaasbrood, krakerige kors buite, solied en spierwit binne. Die brood in die kamp was anders, groot snye, lekker genoeg om sonder botter te eet, het tuisgemaak gelyk, maar is twee keer per dag by die metaalhek afgelaai. Ek het dit bidbrood gedoop, en daarna nog net een keer weer raakgeloop. Meer as tien jaar later het ek weer 'n kerkkamp bygewoon, ek was verlief op 'n beeld van 'n jeugwerker en het gehoor daar is oop storte op die terrein.

Terug na Riebeek-Wes: Op die voorlaaste aand sit almal in die saal, op stoele, kissies, kussings en skote, 'n wit doek hang voor teen die muur, agter staan 'n filmprojektor op 'n hoë tafeltjie.

Iemand skakel die ligte af en teen die wit doek begin gedrogte rondspring. 'n Paar mense het net begin omkyk toe die rolprent tot ruste kom.

'n Grys stad verskyn, vol pilare, massiewe geboue, vroue met gevlegte hare, mans in lang gewade, soldate met swaarde, perde, koetse sonder dakke en markte waar met lewende diere gesmous word.

Dis Rome, spel my ma se mond.

Is dit naby Wellington? vra ek.

Nee, beduie my ma se mond, Dis oorsee, honderde jare gelede.

'n Man het goue blare op sy kop. Rooi doeke hang van sy skouer en 'n wit mantel sleep agter hom. (Ek weet nou die akteur was Peter Ustinov.) Hy is woedend, hy loop op en af in 'n marmersaal, hy bal sy vuiste en gil op 'n ry benoude mense, ek hoor niks.

Keiser Nero, beduie my pa se mond.

Die muisie is wakker en knaag aan my. Meteens is die hele doek vol mense, duisende, hulle sit in rye in 'n groot ronde plek. Dis die meeste mense wat ek nog ooit gesien het, ook die grootste plek, 'n daklose kerk, 'n tentlose sirkus, 'n boomlose atletiekdag. Die muisie is skielik stil, ons albei weet hier kom groot, groot moeilikheid.

In die middel van die skare is 'n leë sirkel. Klein groepies mense begin verskyn, hulle lyk bang en klou aan mekaar.

Die Christene, beduie my ma se mond.

Nero lig sy vuis en ruk dit toe na onder.

Vullis! Dis al wat my pa se mond vorm.

Binne 'n dik muur lig 'n traliehek op en 'n groep leeus sluip my jong lewe binne. Hulle groot pote kap na die Christene, die duisende mense spring op en waai hulle vuiste in die lug, Nero glimlag breed, 'n maer vrou langs hom smul aan 'n tros druiwe. Teen 'n doek in Riebeek-Wes: waansin. Ek kan myself nie hoor nie, maar ek weet ek huil, op my ma se skoot word my boetie wakker en kyk na my, hy glimlag, 'n leeu ruk iemand se arm af, my pa tel my op en dra my na buite, 'n vreemde vrou bring vir my suikerwater.

'n Paar maande later het ons by Ouma-hulle gekuier. Een middag het ons Paarl toe gery om 'n rolprent te gaan kyk. Daar was 'n teater naby die Toringkerk, anders as by die inryteaters het ons baie na aan die doek gesit, soos die leeus by die kerkkamp was alles te groot en te naby. Die rolprent was *Hawaii*, 'n eienaardige storie met Julie Andrews in die hoofrol, dit het reeds drie jaar vroeër verskyn, maar is op dié dag in die Paarl gewys.

Julie Andrews en 'n klomp Engelse in uniforms het met 'n outydse skip gevaar op 'n rowwe oseaan. Daar het hulle die koningin of leidster van die eiland ontmoet. Dié was 'n reusevrou, sy was gefassineer deur die skip en wou dit van binne sien. Omdat sy te groot was om met 'n leer teen die kant op te klim, moes 'n primitiewe hyskraan gebou word. Anders as by die kerkkamp was al my sintuie volledig funksioneel en ek kon alles hoor. Was die branders te onstuimig? Was die musiek te dramaties? Teen die tyd dat die logge liggaam bo-oor die skip begin heen en weer swaai het, was dinge te veel. Ek het kliphard gehuil, moontlik gegil, ek was verstom oor (en 'n klein bietjie beïndruk met) my volume, maar ek kon dit nie keer nie. Weer moes my pa my uitdra, weer is ek buite met eetgoed gepaai tot kalmte.

Tot op dié stadium het die heelal bestaan uit Riebeek-Kasteel, Riebeek-Wes, Wellington en Paarl. Rome en Hawaii was ondenkbaar, dat mense sulke goed kon uitdink, so wreed en op so 'n skaal en sonder waarskuwing, was ondenkbaar, dat ons elke keer ná so 'n ontnugtering weer kon terugry huis toe asof daar niks verkeerd was nie, dit was ondenkbaar. Oorweldigend, onmoontlik, ondenkbaar.

Oorlog

Of ons direk van die huis gery het, of ons eers Wellington toe is, of my boetie iewers afgelaai is, of ek 'n hoed opgehad het of nie, details soos hierdie is alles uitgewis deur my tweede noodkoma. Net die heel ergste oomblikke, die lewensgevaarlike prente, die mees barbaarse geluide, dit het gebly. Ons moes iewers parkeer het, ons moes seker ver gestap het, my pa sou my hand vasgehou het, dalk 'n kombers onder sy arm, my ma sou 'n sak of mandjie gedra het, op 'n stadium sou ons in 'n ry gestaan het, kaartjies gekoop het, aan oranje ysies gesuig het.

Die belewenis begin skielik, ontplof soos 'n onverwagse toneel – reuk, temperatuur, klank, beweging, gevoel, alles gelyk. Ek moes sandale aangehad het, my voete is wit van die stof en dis meer as bloot sien, ek kan dit voel, droog, droog, droog. Harde grond met ligte poeier wat om jou enkels wolk, platgetrapte gras, strooierig en skerp, soos klein messies steek dit tussen my oop tone. Om een of ander rede is ek kleiner as gewoonlik, kort en na aan die grond, op, op reik ek, maar ek bly onder. Ek sien stowwerige skoene, mans en vrouens is almal in dieselfde skoene, sommige skoene is bruin, nou sandkleurig van die stof, sommige skoene is swart, nou grys van die stof. Alle skoene is sigbaar, broeke se pype eindig by die enkels, roksome en onderrokvalletjies ook.

Die rokke: Elkeen 'n wye uitskopromp, met plooitjies gebring na die middellyf, vormlose bokant, pofmoue met strikkies op die elmboë. Die kleure is dof, ligpienk, ligblou, liggeel, liggroen. Niemand staan stil nie, die rokke is haastig, beslis op pad na 'n gebeurtenis, almal is geroep. Ek is te kort, ek kan nie die wêreld sien nie, die rokke bol om my, ek is 'n miertjie op 'n basaartafel, omring van sponskoeke, 'n groot vinger gaan my nou dooddruk. Ek ruk myself hoër, ek sien hulle skouers, wit kleedjies hang soos oor sitkamerstoele. Ek ruk myself weer, nog hoër, daar is geen gesigte, geen hare, net kappies, wit gedoentes wat eers bol soos die koppe van die seekatte in my prenteboek, dan tuit na vore. Agter hang geplooide flappe soos voor die klein venstertjies van Die Aarde-huisies.

Ek weet my ouers is weerskante van my, maar ek kyk nie na hulle nie, ek steier soos 'n opwen-eend deur die chaos, vooroor soos ons dorp se vet ooms in die aande loop, kanniemeernie-kanniestopnie-kanniemeernie-kanniestopnie.

Waar is ons? roep ek.

Hierdie is die Goodwood-skougronde, sê my ma, Dis die groot Republiekfees.

Ons moet ry! gil ek.

Wat praat jy? sê my ma, Ons het nog nie eens 'n plekkie gekry nie!

Wat maak hierdie mense? gil ek.

Hulle dans hier voor, sê my ma, Kyk daar! Sjoe, Pappa, het jy geweet soveel mense kan kringe maak?!

Voor ons verskyn 'n vlakte groter as die kerk, die skool en die koshuis se gronde saam. Daar is mense wat sirkels gevorm het en nou mekaar se hande vashou. Man, vrou, man, vrou, die mans het onderbaadjies aan, blou of oranje. Onderbaadjie, pofkoek, onderbaadjie, pofkoek, dertig of veertig in 'n sirkel, dertig of veertig sirkels in 'n leegte. Al die sirkels beweeg in die rondte, dis mooi. Lelik maak mooi. Maar die mooi is net die draai van die sirkels, nie die kappies nie, ook nie die onderbaadjies nie, ook nie die skoene nie en BESLIS nie die geluide nie. Lelik maak lelik. Hulle sing. Die hele spul sing. Dis 'n vrolike melodie, hulle sing met oorgawe, maar soos alle buitelugsang verdwyn dit onmiddellik. Daar is musiekinstrumente, 'n groot platform dien as 'n verhoog, lappe, oranje, wit en blou span om die karkas. Bo-op is 'n regopklavier, gespeel deur 'n vrou met 'n kappie, daar is 'n halfmaan van mans met kitare en trekklaviere en 'n bosbeer met 'n laphoed agter 'n stel tromme, ek herken al die instrumente. Heel voor staan 'n man met pikswart hare en 'n strikdas, hy lig 'n silwer pompie en ruk dit oop en toe soos wanneer Oupa die vuur aan die gang kry. Die pompie skree moord, Die Vuurhoutjies martel weer 'n kat of jaag 'n varkbaba.

Mens noem dit volkspele, sê my ma.

En dis die laaste woorde van die dag.

Ek sien hoe my pa die kombers oopgooi, hoe my ma gaan sit en 'n plastiekbak uit die mandjie haal. Ons gaan lank hier bly, in hierdie plat hel. Nero is skielik daar, lewensgroot tussen twee trekklaviere, hy lig sy vuis en ruk dit na onder. Die hekke lig en die leeus storm. Hulle vreet die man met die strikdas en die pompie eerste. Bloed op die kappies, bloed op die skoene. Doef! Doef! klop my ore. En toe is alle klank weg. Dis weer stil. Soos op Riebeek-Wes is dit 'n gemaal van mense, oop monde, handgebare, skares in die arena, skares wat toekyk, ek hoor niks.

Die volgende Saterdag dra my ma haar mandjie by die voordeur uit.

Kom, sê sy, Gaan was jou hande dat ons kan ry. En vat van jou boeke dat jy iets het om te doen.

Waar gaan ons nou? vra ek.

Ons gaan braai! sê my ma, Ek het jou mos gesê. En bring jou broer se rooi kombersie, hy gaan slaap nog voor ons eet.

Ek gaan die kombers haal, maar ek gaan nie saam nie!

Wat sê jy?

Ek gaan nie saam nie, ek haat daai mense.

Van wanneer af praat ons so? Waar het jy daai woord geleer?

Hulle huis is lelik en hulle sê simpel goed.

Eben! roep my ma.

My pa verskyn uit die motorhuis.

Iemand het besluit hy gaan nie meer saam nie, sê my ma.

My pa kyk na my.

Gaan jy self inklim of moet ek jou kom haal?

Ek klim op met die trappies, loop in by die huis, was nie my hande nie, gryp die rooi kombers en gaan klim in die motor. Vyf minute later hou ons stil by die huis met die vergeet-gesigte. My boetie spring uit en hardloop na die swaai agter die sleepwaens. Die mense kom groet, die vrou kyk na my.

Klim hy nie uit?

Nee jong, sê my ma, Hy's weer vol geite.

Lekker sit! sê die vrou.

Simpel ding.

Ek lê op die agterste sitplek, die ure voel soos weke. As hulle wil aanhou om my te vat waar ek nie wil wees nie, sal ek hulle wys. Daar agter in die motor verklaar ek oorlog, ek weet nie dat dit 'n vyftienjaaroorlog gaan wees nie, ek het wel begin leer dat die besluite wat ek neem wanneer ek woedend is, my bestes is, niks laat my dan van plan verander nie. So bly ek lê totdat my bene later dood voel. Een keer kom kyk my pa. Ek lê met my oë toe. Later maak my ma die deur oop.

Hier is tjoppies, sê sy, En daai dun wors waarvan jy so hou. En braaibrood. En skuimpoeding. Met vla. Kom eet gou.

Ek maak of ek slaap. My ma loop. Later slaap ek rêrig en word eers wakker toe my pa my optel en by die huis indra. My maag pyn van die honger. Ek kry myself verskriklik jammer, maar ek sal nie huil nie, ook nie eet nie, ook nie praat nie. Dis oorlog.

Bloekom

My eerste oorspronklike konkoksies op die verhoog is reeds se-
dert my universiteitsjare raakgesien. Tussen die Konservatorium
se konsertsaal, die H.B. Thom se verhoog en die nuutgeboude
amfiteater langs die biblioteek was ek aan die hardloop, kortasem
en koorsig, altyd besig met 'n eenmansvertoning of 'n opera of
'n pop-oratorium, selde in die klaskamer waar ek moes wees. In
my derde jaar het 'n groep akteurs uit Kaapstad aan my deur kom
klop, ek het musiek geskryf vir 'n toneelstuk en my jare by die
streeksraad het begin. Daar was revues en dramas en goed wat
niemand kon verduidelik nie (altyd kabarette genoem!), ek het
begelei, geskryf, verwerk, af en toe 'n paar note saamgesing uit
die hoek. As begeleier of orkeslid het ek later deur die hele land
getoer en elke teater leer ken.

Maar ek wou alleen sing, in die middel van die verhoog, geklee
in gewade uit verre verbeeldings, arms wydgestrek soos 'n keiser,
dit was immers wat ek reeds op universiteit gedoen het, het almal
vergeet? Ek het foto's, kassette, geskenke en lêers met my lewens-
verhaal afgelewer by elke koerant, tydskrif, platemaatskappy,

ateljee, radiostasie, televisiekantoor, nagklub, jazzklub, teater en impresario. Obskuur, het hulle gesê. Die beeld is nie reg nie. Die klank is eksperimenteel. Die stem is totaal onluisterbaar. Wat gaan aan met die lirieke? Ek was verslae en terselfdertyd vegtend, ek het myself hees gerook, nog heser gehuil en aanhou verkoop, daar was geen tweede plan. Uiteindelik was dit weer die streeksrade wat 'n kans gewaag het. Vinnig het die vertonings begin uitverkoop, landwye toere is aangebied, weer en weer. Tydskrifte het begin skryf, die eerste voorblaaie het verskyn (daar was klagtes!), televisie-programme kon nie genoeg kry nie (daar was nog meer klagtes!), die tonge het geklap, my trane het verdwyn en geld het verskyn.

En geleidelik, ná tien jaar op die verhoog, het ek ophou wonder hoe lank dit sou aanhou, die foon en die faks het gekoer, twee, drie, selfs vier nuwe produksies per jaar is aangebied, al hoe minder deur myself, ek kon net my fooi noem, ek was die liefling van die kaartjieskantoor. Die platteland het sy vrees gesmoor en begin bel, dorpie na dorpie het gesmeek vir 'n beurt. Ek het begin ry, deur vlaktes, oor heuwels, op my eie of met 'n begeleier of met 'n orkes. Sale is versier, blomme is aangedra, ek is ingewag met tuisgebak en banksakke vol kontant.

Stukkie vir stukkie het my slaap verdwyn, nie weens my skedule of my gefuif nie, 'n knaende benoudheid het op my bors kom druk, 'n brandende maag was my nuwe reisgenoot, ek was naar voor en ná elke maaltyd, bang om alleen te wees, die vrees wat my op skool en op universiteit so gereeld kom gryp het, was nou heel-tyd by my. My fisieke siekword weens 'n verkeerde omgewing, die toestand wat twintig jaar later só erg sou raak dat spreekkamers en hospitale 'n gereelde bestemming sou word, het hier sy wortels diep en stewig kom ingrawe.

Op 'n Dinsdag lê ek op die bedjie teen die muur in my redder se kantoor. Dr. Steenkamp is 'n mooi man met 'n mooi hart, 'n mooi stem en die gesondste verstand wat ek ooit sou leer ken. Sy kantoor is op met die trap, deur die venster kyk jy na die kroon van 'n groot wakende boom, daar is geen beter plek.

Hy vra my of ek die vrees kan voel.

Ek verduidelik dat dit op my bors en my maag druk, ook om my kop, soos 'n band wat homself al stywer vasgespe.

Hy vra of daar 'n tyd is wanneer dit erger is as gewoonlik.

Ek antwoord dat dit is op die dae wanneer ek in 'n dorpie moet optree, ook die dag vooraf.

Hy vra my wat gebeur op so 'n dag.

Ek antwoord dat ek al hoe banger word hoe nader ek aan 'n dorp kom, dat my mond droog raak, dat ek hoofpyne kry, dat ek hartseer word en wil wegjaag.

Hy vra of daar iets slegs of leliks in so 'n dorp gebeur, of ek gedreig of beledig word.

Ek skud my kop, die mense is altyd baie opgewonde en gasvry.

Hy vra of daar 'n beeld in my kop is, iets wat in elke dorp dieselfde is, iets wat dadelik verskyn wanneer ek aan so 'n dorp dink.

Ek sê daar is altyd 'n laning bome voor jy 'n dorp binnegaan, 'n ry aan elke kant van die pad.

Dr. Steenkamp vra of dit mooi is of lelik.

Ek antwoord dat dit mooi is, altyd baie mooi.

Hy sê ek moet my oë toehou, normaal asemhaal, die drukking om my kop en op my bors en maag toelaat om meer of minder te raak, kyk of die rye bome in my gedagtes verander, of daar iets gebeur.

Ek is op Riebeek-Kasteel, sewe of ag jaar oud, dis baie warm. En droog. Ek is kaalvoet. Ek het 'n frokkie aan en my gehate wit kortbroek. Ek loop verby die kerksaal, verby die huis waar ons altyd kuier, by die mense met die vergeet-gesigte, niemand sal ooit weet wie hulle is nie, ons kuier net baie daar, die man sukkel met sy besighede, my pa is gereeld besig om te help, daar is drie sleepwaens, almal se wiele is pap. Ek loop reguit aan, teer word grond, word weer teer, word weer grond. Die dorp lê agter my, hier en daar sit 'n huis, een-een soos boemelaartande, voor my lê die bome, twee rye bloekombome, lank en grys, aan die onderkante het stukke bas oopgebars en weggebreek, die stamme is gevlek en klou ooptoon aan die dorre grond, ek ril en dink aan die hoenderpote wat stuiptrek ná 'n slagting op Tannie Stienie se werf.

Ek loop deur die bome en hoor die eerste kinders. Daar is twee hekpale sonder 'n hek, binne wag ons atletiekbaan. Dis wat almal dit noem, maar dis net 'n stuk grond, 'n morsdooie stuk grond, bedek met al die stof wat Die Duiwel oorgehad het nadat hy die hel gemaak het, dis hier gestrooi. En hier, in hierdie stof, gaan elke kind wat nie weet dat Die Duiwel sonde ook gemaak het nie, gillend en laggend heen en weer hardloop tussen wit kalkstrepe, gehurk wag dat 'n onderwyser op hulle skree of met 'n pistool in die lug skiet. Sommige hardloop net 'n entjie en word dan op die rug geklop, ander hardloop verder, 'n hele sirkel, ander hardloop met 'n stok wat aangegee word vir 'n wagtende, soms is daar 'n kind wat op skouers gelig word terwyl ander hande klap.

Wat doen ek? Ek is onseker, in my kop is 'n draaiwind van glim-lagte, fluitjies, opvoustoele en laphoede, om, om, om, rondom my is daar 'n warboel van lywe en vlaggies. Ek herken 'n klasmaat en sien hy het 'n blikkie koeldrank in sy hand. Nog een eet 'n pasteitjie. Dit beteken die grootmense is ook nou hier. Het die tyd verbygegaan? Oefen ons nie meer nie? Is dit atletiekdag? Hoe-veel keer het ek deur die bome gestap? 'n Hand op my skouer stoot my in die rigting van 'n ry kinders. 'n Skoot klap, ek hardloop, wild en sonder vordering en woedend en moedeloos. Iemand, 'n helper van Die Duiwel, skreeu oor 'n luidspreker. Ná die tyd loop ek tussen die motors, daar is nog bloekombome, nie in rye nie, maar in bondels asof hulle sleg praat oor iemand, daar is klein tente met tafels, ek sien my ma, sy het 'n sonbril op en hou my boetie vas, my pa staan langs 'n paal met vlaggies, hy en ander ooms lag met hulle koppe agteroor. My pa was 'n grapverteller en sy atletiekgrap het hy vir die res van sy lewe vertel: Nee jong, Niëltjie het gehardloop dat daar niemand agter hom was nie!

Ek loop huis toe, my voete is heeltemal bedek met stof, bo en onder, tot by my enkels, my voetsole is growwe papier. Ek voel siek.

Dr. Steenkamp laat my lê totdat alle drukking weg is. Die kring om my kop het verdwyn. Ek maak my oë oop. Ek staan stadig van die bedjie af op. Vir die eerste keer in byna dertig jaar is ek sonder stof en atletiek.

Bome is die bakens van my fisiese bestaan. My huis van die afgelope sewentien jaar staan in die middel van 'n tuin met soveel bome, dis feitlik 'n woud. Die pad na my huis is 'n boomryke laan waarvan die takke van weerskante strek en ontmoet in 'n soliede boog. Dis die natuur se grootste en mees fassinerende skoonheid. Selfs op Riebeek-Kasteel, aan die bokant van die dorp, was dit 'n paradys van bome wat beide wild en in boorde gestrek het tot in die voue van die berg en ook heelpad tot in Riebeek-Wes, welig en donker soos die pruik van 'n statige dame wat in rykdom en koelte bly wag. In kontras, aan die dorp se onderkant, waar dit leeg en verwaarloos was, daar was die bloekoms in twee kort rye, soos die pubis van 'n hoer wat weerloos en sonder energie bly lê terwyl dié sonder denke hulle stowwerige gang gaan.

Die bloekom word deesdae beskryf as uitheems, onwelkom. Genade, ek moet elke boom verdedig, wat is meer uitheems as ek? Laat hulle staan, laat hulle water steel, laat hulle toring bo alles, hulle lewe sonder keuse, iemand anders se geskiedenis het hulle daar geplaas.

Attie & Miems

Hier was 'n werf met lewe. En 'n huis met sy eie wette, geen teken van die dorp se kultuur nie. Welkom op die rand van die wêreld.

Oom Attie en Tannie Miems se eiendom is bereik deur dwarsdeur die dorp te ry tot heel onder, draai links in die laaste straat, dan regs in by die tweede hek, hierdie groot hek was altyd oop, hoenders en honde het iets gesien wat mense nie kon nie, hulle het getrippel tot by die vriendelike gaping en dan eenvoudig omgedraai, die straat is nooit betree nie. Daar was 'n tweede hek, die kleintjie wat gelei het na die voordeur, maar dit was vir mense met baadjies, predikant, polisie, begrafnisondernemer, posman.

In by die hek: Die werf was groot, droog en kliphard. Hier kon twintig motors parkeer, eenhonderd mense dans of twaalf perde opgesaal word. Regs was 'n lang gebou met 'n sinkdak en baie deure, ek het altyd gedink Oom Attie het sy eie dorpie gehad met sy eie hoofstraat en besighede. Daar was parkeerplek vir hulle motor, daar was 'n werkswinkel, nog een, stoorkamers, die wêreld se enigste dieretuin met 'n oop deur, 'n plek met fietse en kruiwaens en 'n ereplek vir die skoolbus.

Aan die linkerkant van die werf was die huis, dieselfde lengte as Oom Attie se eie hoofstraat. Jy het om die hoek geloop, verby die kombuisvenster, verby die stoepmuurtjie tot by die trappie. Een trappie en jy was op die stoep. Links was die sifdeur na die kombuis, regs was die sifdeur na die waskamer. (Ja, daar was twee repe sif op Riebeek-Kasteel waarop Mevrou Joubert nie haar hande kon lê nie!)

In by die linkerkantse sifdeur: Die kombuis was donker met 'n houttoonbank en 'n sementvloer, 'n diep sementwasbak, baie kassies en rakke vol flesse met ingelegde vrugte. Ongewoon vir daardie dae het die kombuis sonder 'n muur of deur gelei tot die eetkamer, lang houttafel en baie stoele, nie almal in dieselfde styl nie (Tannie Miems was in die mode lank voor 'n tydskrif mengen-pas aan sy lesers kon voorstel!), dan regs in by die deur na die sitkamer. Hier het my hart sy wilde klop geklop.

Staan saam met my in die sitkamer en kyk in die rigting van die klein hekkie vir mense met baadjies. Agter jou is dan die agterstoep met aan weerskante die kombuis en waskamer. Links van jou is die deur na die eetkamer, regs van jou die deur na 'n slaapkamer. Rondom jou is sitkamermeubels, nie 'n stel wat op een slag by jou afgelaai is nie, maar groot, swaar banke en stoele uit verskillende tipes hout, bedek met kussings, vas en los, lappe, doeke, geweef, gebrei of gehekel, selfs tapisserieë. Voor jou is 'n voorportaal, 'n breë spasie met varings op hoë tafels en 'n voordeur met 'n boonste helfte uit stukke gekleurde glas. Geen mat, die voordeur gooi sy patroon op die houtvloer, dankie, son, dankie, stoeplig, daar was altyd dié patroon.

Uit die voorportaal – byna net so breed soos die sitkamer – het 'n deur links en 'n deur regs gelei na twee slaapkamers. Dus: 'n huis sonder 'n gang! En mees belangrik: 'n simmetriese huis! Sou enigeen my durf vertel dat dit nie perfekte simmetrie was nie, sou ek met hom stry tot in lengte van dae. Hierdie ruimte was uit 'n ander tyd, 'n ander wêreld, hier het my liefde vir – later obsessie met – simmetrie begin. Hier het ek volkome ontspan, hierna het ek prente geteken, by die huis en by die skool, met absolute simmetrie, ek het vir die res van my lewe bly soek na sulke ontwerpe, ek kon nie klere dra met asimmetriese ontwerp of detail nie, my verhoogproduksies begin en eindig met simmetrie, ek draai geskenke toe met simmetrie, dek tafel met simmetrie, dis my vredige, veilige plek, klein of kolossaal, wanneer die engele die raar argitek stuur om sonder krulle en draaie en skewe geweld 'n sirkel, vierkant of reghoek te skep, dan is ek daar om uit te asem, te sug van plesier.

Ek was nie die enigste om hier dinge te ontvang nie.

My boetie het hier gestalte gekry en sy naam gevestig. Dit was 'n Saterdag en ons was hier vir braaivleis. Die tafel was belaai met Tannie Miems se lewenslus, skaaptjops, soetsuur-uitjies, romerige aartappelslaai, rysslaai met kruiekonfetti, hoenderboudjies met blink sous, dik wors wat in hierdie kombuis gemaak is, sjokolade-rol met heel kersies en driekleur-jellie met dik vla.

Ek was reeds gevestig as 'n pokkelkind met vaste en vreemde gewoontes by die kostafel. 'n Braai by die simmetriese tempel het vir my begin met 'n papierbord vol aartappelslaai op die agterstoep, daarna 'n bord kos aan tafel en daarna 'n bak poeding terug op die stoep. Tannie Miems was nie die tipe wat geglo het kinders moet buite speel of apart eet nie, hier kon jy doen wat jy wil, ek wou bloot drie heerlike goed saam beleef: aartappelslaai, die uitsig ('n paar treë van die stoep het bome en plante gestaan wat later verander het in veld met skerp groeisels en groot klippe en uiteindelik in 'n ontoeganklike wildernis waar geheime gewoon het en die nimmereinde begin het) en ten slotte, die afwesigheid van ander kinders (daar was een of meer seuns en ook my boetie, almal aan tafel!).

Op dié dag was my boetie egter ook op pad na buite en het voor my geloop. Ons was besig om te ontdek dat hy in besit was van 'n humeur sonder perke en het selde gevra waarmee hy besig was. Hy het die sifdeur oopgestoot, ek en my klein bergie aartappelslaai het hom gevolg. Ek het vergeet die deur het 'n rek gehad wat hom altyd laat toeswaai het, my boetie het die deur laat terugskiet, dit het my getref soos die klap van 'n spaan, ek was van my nek tot my knieë bedek met mayonnaise en plat aartappels.

Maaaaaa!! Ian het die deur laat klap!!

Almal het gelê soos hulle lag. My boetie het omgekyk en gelag tot sy trane loop. Hy was nou Ian, my broer.

Een skemeraand, ek was in die kamer, my ma droog vir Ian af, my pa droog die skottelgoed af, die foon lui in die gang. My pa antwoord. Minute later, toe hy dink net my ma luister, praat hy met haar, maar ek hoor deur mure en deure.

Attie het verbrand, sê hy.

Oom Attie het op skooldae die bus gery, hy het die plaaskinders gaan aflaai, nie almal wou koshuis toe nie. Dit was eerder 'n stokperdjie as 'n werk, dit was 'n ou bus met 'n ronde enjinkap soos in 'n storieboek, hy het die bus liefgehad soos 'n baba, hy en my pa was gedurig op houtkissies met hulle koppe in die enjin. Op dié dag het die bus op 'n plaaspad loop staan, daar was rook of stoom, Oom Attie het die enjin oopgemaak en 'n prop of 'n ding losgedraai en die kookwater het oor hom gespuit. Hy was vir maande in die hospitaal. As 'n guns het my pa die bus reggemaak en twee keer per dag die plaaskinders karwei tot Oom Attie weer op die been was.

Hy en Tannie Miems het ons toe genooi om een Sondagmiddag te kom kuier, daar was vlakoekies en yskastert en worsrolletjies en 'n groot geskenk in liggroen patroonpapier. Oom Attie het 'n kort toespraak gemaak oor vriendskap en bystand en die geskenk aan my pa oorhandig. Almal het lank genoeg gehuil en hande geklap dat ek drie worsrolletjies kon eet.

My pa het die geskenk oopgemaak. Binne was 'n muurhorlosie, nie outyds soos Ouma s'n nie, ook nie met krulle soos die Stoepsusters se koekoek nie, dit was 'n moderne, laat-sestigs, reghoekige bruin ding uit 'n tipe hout wat moontlik plakpapier kon wees. Daar was 'n wit sirkel met wysers en glas, 'n klein venstertjie vir die datum en nog 'n venstertjie waardeur jy 'n silwer voorwerp kon sien swaai. In sy donker binneste was 'n kerk met 'n klok en 'n koster wat nooit geslaap het nie. Elke uur, tot die dag dat ek matriek geskryf het en die huis verlaat het, het hy gelui, in elke sitkamer van elke huis waarheen ons gesin ooit getrek het, het hy gelui.

My ma het gesmeek, voorstelle gemaak, nuwe horlosies probeer koop, maar my pa het die horlosie liefgehad soos wat Oom Attie sy bus liefgehad het, daai bruin ding het saam met hom geswerf en gelui tot op die dag van sy dood, elke klokslag die erkenning wat hy nie elders ontvang het nie.

Oom Attie en Tannie Miems se huis is al vele male herskep, as modelle uit papier, sketse in my dagboek, verskeie stories in my vertonings. Ek het geen idee hoekom sekere goed jou bybly en ander nie, hoekom sekere goed jou langdurig beïnvloed en ander nie. Ek het al – soos jy moet – bly klou aan detail uit eeue oue kunswerke, karakters uit klassieke literatuur, versteekte melodieë uit bestudeerde komposisies, dit bly waai soos lekkergoedpapiere uit 'n oorvol trein, wapper saam met rommel teen 'n ander man se doringdraad, onverklaarbaar.

Bywoning, bed, Bybel

Om beloon te word vir dit wat jy glad nie wil doen nie is seker goed, dit leer jou dissipline en orde. Dis hoe sirkusdiere en kompetisieperde beloon word, swoeg en jy ontvang suiker. Aan die einde van my eerste skooljaar ontvang ek 'n boekprys, ek het nie een dag gemis nie, lui die klok, meld ek aan. Ek was mal oor die seremonie en die boek, ek het dit nou nog. Voorin is 'n sertifikaat en daar, in gekrulde swart letters, staan dit: Vir Bywoning. Later lees ek: Jy was goed vir niks, maar jy was daar.

Belaglik. Dit sou nooit weer gebeur nie. Tydens my tweede skooljaar ontdek ek die vreugde van kindersiektes. Masels, waterpokkies, naarheid, kopseer, bloeiende knie, verkoue, pampoentjies, ek kon nie wag vir die volgende terugslag nie. My ma moes net 'n diagnose maak en 'n briefie aan die juffrou skryf en kreunende kon ek myself tuismaak vir 'n vakansie – nee, 'n verlossing! – in die bed.

So is nog lewenslange en geliefde gewoontes gekweek. Tot en met die hede is my sitkamer slegs 'n deurloop, my kantoor slegs 'n stoor, my stoep slegs vir gaste, alles wat goed is, alles wat moet, alles wat onthou word, vind plaas langs my tafel en op of in my bed.

My ma was nie op haar gelukkigste tydens my siekdae nie, sy het reeds haar hande vol gehad met skoonmaak en Ian wat intussen ontaard het in die aktiefste kleuter ooit, maar sy het aangedra, roosterbrood met Marmite, jellie, sop met lettertjie-noedels, tee met Marie-beskuitjies, lappies vir die voorkop, Disprins en hoes-stroop. Hoekom moes ek eers siek word om die goeie lewe te lei?

Die meeste van die tyd was ek alleen in my kamer. Geen koors, geen hoes of pyn, net ek en my wonderlike bed, ekstra kussings, ekstra langhaarkombers. Die bed se kopstuk is deur my pa ge-maak, dit was in die vorm van 'n kas met 'n lang opening vir boeke en opgestopte wesens. Hier was my Bybel, 'n Kinderbybel soos wat ek nog nooit weer gesien het nie. Dit was 'n groot, dik boek met 'n omslag uit rooi kunsleer en goue letters, diep ingedrukte letters soos voor op 'n ernstige historiese dokument. Binne was die hele volwasse Bybel effens eenvoudiger oorvertel op spierwit bladsye, nie kinderpapier nie, duursame, dowwe papier soos in 'n ensiklopedie. Tussenin was gladde bladsye met prente, nie kinderprente met skapies wat lyk soos bolle breiwol nie, hierdie was kleurvolle, ryk kunswerke met die fynste detail, asof geskilder deur beroemde kunstenaars uit die Renaissance, elkeen in 'n baie dun swart raampie, onderaan was beskrywings in klein formele letters.

Genade, ek was lief vir hierdie Bybel! Ek het elke woord en elke prent geken. En die naam van elke karakter in elke gestileerde toneel. Koepels en boë, palmtakke, donker tapyte, trone en tafels,

silwer bekers, goue krone, verewaaiers, eksotiese diere, sagte dra-
peersels uit hoë plafonne, gespierde boarms met metaalbande,
hooftooisels met edelstene, swaarde té mooi vir moor, brode wat
peul uit mandjies, druiwe wat peul uit erdewerk.

Teen dié tyd het ek reeds begin besef dat Die Ganse Wêreld uit
meer as net Riebeek-Kasteel bestaan het, en dit was ontstellend,
maar dat my vriende in die groot rooi Bybel deel kon wees hiervan,
só 'n moontlikheid was eenvoudig aangrypend, aanvanklike skok
en teleurstelling het vinnig verdwyn. Wanneer Ma of Ouma of
Mooi Derrick (hy het Sondagskoolklas gegee nog voordat hy ge-
troud was, Have you ever! het Tannie Gagiano gesê) oor die Bybel
gepraat het, het hulle woorde soos nederigheid, gehoorsaamheid
en dankbaarheid gebruik, my skatkis uit kunsleer het my laat dink
aan dinge soos hartstog, drama, skoonheid, lyding en vergifnis.
(Het ek toe al hierdie woorde geken? Ek is seker ek het!) Hulle
was almal daar, Maria, Marta, Maria Magdalena, Miriam, Ragel,
Rut, Orpa, Batseba, Delila, Isebel, Rebekka, Ester, Abraham,
Moses, Samuel, Dawid, Jonatan, Simson, Elia, Petrus, Pilatus,
Herodes, Saggeus, Lot, Lukas, Job, Jona, Judas, Josef en Jesus.
Elkeen was glorieryk uitgebeeld, of hy gesondig het of nie, elk-
een in 'n lang gewaad, daar was mantels, koorde, tossels, vlegsels,
baarde, kettings, materiaal het geval tot op die grond, niks was
geknip of geknak of gekoek nie, voue, tekstuur, lig en skadu het
hierdie figure verewig in elke droom of doel wat ek ooit sou hê.
Is dit 'n wonder dat ek vir meer as dertig jaar elke vertoning sou
begin in 'n vloerlengte jas, een of ander vorm van 'n koningskleed
of geskiedkundige stiksel?

Met of sonder koors, daar in my bed, afwesig van alle kinder-
aktiwiteite, is 'n oog en 'n oortuiging gevorm wat nooit sou vol-

doen aan konvensionele standaarde nie, beide sou bevraagteken word, beide sou onwrikbaar bly staan. Sou enige nuwe afgod, prediker, filosoof, begeerlike sanger of bekroonde skrywer my intussen kon oorreed tot 'n meer modieuse geloof of 'n meer wetenskaplike uitkyk, my lok met 'n gemakliker of slimmer bood-skap? Hulle probeer daagliks.

Malmesbury toe

Wanneer gaan hulle ons uitlos? So het ek al in Sub B begin wonder. Die hele week sien jy uit na Saterdag, geen skool, geen vroeg opstaan, geen lelike kleertjies, geen gegil, net jou eie planne. Maar elke Saterdag was die duiwel onder ons, daar was sportnonsens, markies, basare, kermisse, troues, straatbraaie, begrafnisse, perdry, plaaskuiers, verjaarsdagpartytjies, nog en nog, weer en weer, hulle kon nie ophou nie, hulle het goeters uitgedink, tafels rondgery, parkeer in stof, stoele gepak, gasstofies aangesteek, mandjies uit kattebakke gelig, koppies en pierings gerangskik, biltong gekerf, gedans in sirkels, gesing in kringe, gebid in groepies, gehuil in omhelsings, daar was geen einde!

Die huisengel moes my stille geskreeu gehoor het, want geleidelik het leë Saterdae begin verskyn, net een per maand, maar ek was verlig en dankbaar. Op hierdie salige dae kon ons in die motor klim en Malmesbury toe ry. Ek was nie meer verward of woedend oor al die dorpe wat in die Die Ganse Wêreld verskyn het nie, ons kon wegkom.

In die middel van Malmesbury was 'n verbasende groot winkel, 'n mooi gebou met verskillende vlakke, hier kon jy enigiets koop. Daar was toonbanke wat verskillende afdelings aangedui het, hier het meisies met netjiese bloese dosies en laaitjies voor jou neergesit, jy kon voel en kies. Daarna het jy jou kontant op die toonbank neergesit. 'n Meisie het jou geld en strokie opgevou en in 'n eienaardige metaalkokonnetjie bokant haar kop geplaas. Sy het 'n kettinkie getrek en die kokonnetjie het weggeskiet en al langs 'n kabel geseil tot by 'n sentrale glaskantoor hoog in die lug. 'n Netwerk van kabels was bokant ons koppe gespan soos 'n web, kokonnetjies het heen en weer geskiet. Ian was buite homself van geluk, hy was nou vier jaar oud en besig om alle tegniese uitvindsels te ontdek.

Koop nog! het hy gegil wanneer ons kokonnetjie teruggekeer het met kleingeld.

Ons gaan nou Teepot toe, het my ma gesê.

Ian was onmiddellik woedend.

Koop nog, het hy weer gegil.

Kyk daar! het my pa vinnig gesê.

Twee kabelkokonnetjies het verby ons gesweef, Ian het geskater van vreugde. 'n Paar minute later het ons voor Die Teepot in die motor gesit, Pa was binne om hamburgers te kry. Lank voordat kettingbesighede van natuurlike reuke en smake ontslae geraak het, het Die Teepot in Malmesbury se hoofstraat wegneem-etes voorberei. Ons het elke vrye Saterdag hamburgers opgelaai en dan in die bos net buite die dorp gaan eet. Pa het onder die bome parkeer, die ruite is afgedraai en Ma het gesoek totdat sagte jazz op die radio gespeel het. Elkeen het die krakerige wit papier oopgemaak en sy hamburger bekyk. Anders as dié wat almal geken het, het Die Teepot se burgers geen slaaiblare, tamatieskywe of kaas bevat nie. 'n Tuisgemaakte plat frikkadel is bedek met gekaramelliseerde uie, dit was al. En dit was elke fees waaraan ek kon dink, toegevou in 'n vars broodjie.

Ian se humeur het onmiddellik vlamgevat. Hy het begin om die uie met sy vinger af te krap, daarna het hy, soos elke vorige keer, gesit met 'n hamburger in die een hand en 'n papier vol uie in die ander.

My papier is op, het hy gegrom.

My pa se skouers het begin ruk, hy het geweet as Ian hom sien lag, was alle hel los, maar hy kon homself nie keer nie. My ma het dadelik die bondeltjie uie gegryp, my pa het vinnig sy papier aangegee. Teen die tyd dat die groeiende storm verdryf is, was my hamburger op. Voordat die Amerikaners besluit het 'n vroeë dood is nodig, was 'n burger baie klein, daar was ook geen skyfies. Ek kon 'n sitplek eet, so honger was ek. Op koeler dae was daar bakkies roomys wat ons met houtlepels geëet het, 'n skamele troos, die een keer dat my pa roomys op 'n warm dag gekoop het, was Ian s'n gesmelt en 'n skrikwekkende uitbarsting het gevolg.

Hierdie Malmesbury-tye was 'n lafenis, ek onthou die jazz, in daardie dae het plaaslike musiek 'n besonderse laagtepunt beleef en my ma het bloot sonder kommentaar of luide oordeel die radio se knop gedraai totdat iets stylvols gehoor is, Frank Sinatra,

Bing Crosby, Lena Horne of Tony Bennett. Ek het agter in die motor gesit en luister, gekyk na die rye magiese boomstamme en gewonder wie (wíé??) is versadig ná een hamburger.

Die eerste soldaat

Wanneer 'n mens kan kies hoe 'n storie begin, is dit vanselfsprekend dat die eerste geluid dié van perdehoewe sou wees. 'n Grondpad – een wat geen stof of modder vrylaat of los klippies die lug laat inskiet nie – kronkel deur 'n donkergroen woud, ses wit perde met wit pluime sleep sonder inspanning 'n swart koets versier met kartels en krulle in dowwe goud. Jong lyfwagte bons elegant op pikswart perde, in 'n ander tydperk sou hulle roem verwerf het as modelle en popsangers, nou is almal geklee in silwerskoon wit spanbroeke, lang blink stewels, kort geborduurde baadjies en wit handskoene. Hulle swaarde rus in gekerfde houers met helderkleurige edelgesteentes. Daar is moontlik 'n prinses in die koets, dalk die moeilike moeder van 'n edelman, dalk 'n onwillige bruidegom op pad na 'n geforseerde troue, maar die onthulling vind nooit plaas nie, alle aandag verskuif nou na die kasteel op die horison. Die woude aan weerskante van die grondpad het verdwyn, liggroen wingerde het verskyn, 'n silwer rivier vloei onderdeur 'n brug met standbeelde van halfgeklede helde uit klassieke literatuur, rye lyfknegte stroom uit die kasteel en vorm twee formasies aan weerskante van die ingang.

Die grondpad behoort nou te verander in 'n oppervlak van inge-
wikkelde patrone uit gladde steen, maar die pad word nou grow-
wer, 'n skerp klip steek in my voet. Ek gaan staan en lig my voet,
daar is geen bloed. Ek kyk om, daar is geen woud of rivier, net ons
huis. Ek kyk weer na voor. Die kasteel en die lyfknegte het verdwyn.

Regoor ons huis het 'n kort ongeteerde straat begin en dan teen
die kant van die dorp geëindig. Dis Die Eenkantstraat genoem.
Hier het besoekers net vorentoe of na die een kant gekyk, heen
links, terug regs. Daar was drie dorpserwe aan die een kant (tans
links van my), die eerste een was leeg, net lang gras (en slange! het
Die Stoepsusters gewaarsku), dan die hoë huis met die dubbele
motorhuis, hier het my maatjie en haar geskeide ma gewoon, 'n
wrede vrou wat ons nooit binne laat speel het nie, dan 'n huis
met 'n oom en tannie wat moeilik geloop het en nie van kinders
gehou het nie, dan 'n nou dwarsstraatjie, dan 'n huis met 'n klein
boord, dan 'n hoekhuis en dan die laaste straat. Aan die ander
kant van Die Eenkantstraat, aan my regterkant, was Die Aarde-
huisies, 'n ry benoude huisies, klein en laag. Teen die straat was
slap heinings, lendelam ogiesdraad, hangende aan skewe paaltjies
en toegerank met grenadellas en ander klouterbosse. Dit het gelyk
asof hierdie heinings besig was om die huisies in die aarde in te
trek. En sommige mense het geglo dit wás die geval. Moontlik
die inwoners ook, hulle was almal bejaard en agterdogtig, skrop-
skrop met 'n emmer of 'n waskom in die hand, geeneen in staat
tot 'n glimlag, selfs nie 'n kleine kopknik nie.

Die dag as daai huisies weg is, plant ons bome, vrugtebome, dat
ons kan konfyt kook! so het Tannie Gagiano gesê.

By die laaste straat draai ek links en loop tot by die lang huis sonder 'n voortuin. Verby die voordeur en die smal stoep, direk teen die straat, is 'n hoë, bruingeverfde houthek wat 'n boog vorm aan die bokant. Dis 'n dubbele hek wat oopstoot soos die staldeure van 'n herehuis, maar hier lei dit na 'n deurmekaar tuin met lukwartbome, huis links, motorhuis regs.

Hier het die Le Rouxs gewoon, nie familie van ons nie, net goeie vriende van my ouers, tot en met die dood van die tannie meer as veertig jaar later was sy en my ma inderdaad boesemvriendinne. Daar was twee seuns, indien daar nog was, was ek, soos met my boetie op daardie stadium, onbewus van hulle teenwoordigheid. Die jongste seun was my ouderdom en die oudste was 'n grootmens, dalk hoërskool, dalk kollege, dalk werkend. Grootmens.

Teen die tyd dat die koets begin verskyn en verdwyn het, was die meeste van my gewaarwordinge nog sonder naam of kategorie, en alhoewel ek nog te jonk was om dit te verwoord of volkome te verstaan (ná jare se literatuur, rolprente, skilderye en oortuiging was dit steeds nie ek nie, maar 'n vriendin wat eerste die woorde "Gebore op die verkeerde tyd, op die verkeerde plek" hardop gesê het), was ek reeds doodseker dat ek volkome alleen was in my oorlewing of missie op hierdie plek, hetsy dorp, hetsy planeet.

Dus: alleen stoot ek die bruin staldeur oop. Ek stap in, die deur na die motorhuis regs van my staan oop. Ek loer in. Dit ruik na sement en die olie wat my oupa altyd op sy houtwerk gesmeer het. Daar is geen motor, geen venster, dis 'n werkskamer, twee gloeilampe hang aan 'n balk. Die oudste Le Roux-seun staan langs 'n hoë toonbank. 'n Stuk hout draai in die rondte en 'n masjien brom soos 'n gelukkige kat. Hy leun vooroor en druk met 'n voorwerp teen die stuk hout.

Ek het nog nie geleer van fiksasie of verbodenheid of lus of liefde nie, maar ek weet hy is mooier as enigiets op ons dorp. En het 'n onwerklike vorm, gespierd en bruingebrand, en moet derhalwe een van die grootmensmans wees wat wegkyk of besig bly as ek aankom. Maar hy kyk nie weg nie, hy maak die masjien stil en glimlag breed.

Kom in, sê hy, My ma is nie nou hier nie. Of het jy vir my kom kuier?

Ek kyk rond om te sien met wie hy praat.

Het jy al 'n draaibank gesien? vra hy, Kom kyk hier, jy knyp die stuk hout hier vas en sodra hy in die rondte draai, kan jy met die beitel enige ding maak. Ek maak nuwe pote vir my ma se ou tafel, haar jellie staan en dril as ons eet.

Hy lag met 'n oop mond en rye spierwit tande.

My ma maak baie jellie, sê ek.

Ek was gereed om lukwarte te pluk of dalk 'n beskuit by die tannie te kry, ek was op geen manier voorbereid vir 'n gesprek met 'n vriendelike reus nie. Ek haat my gesig en my rubberlyf en my skewe klein tandjies, ek weet ek het sewe kindersproete, twee op elke wang, drie op my neus, ek kan voel hoe hulle een-een van my afspring en soos dom bye teen alles in die werkskamer vasvlieg. Hoe kan ek vlug? Sal ek omdraai en soos lood probeer hardloop? Sal ek aanhou bloos tot ek ontplof?

My ma sê jy teken baie mooi, sê hy, Jy moet jou goed bring, dan kom teken jy hier. Ek werk elke middag hier, my pa gaan my nog wegjaag en sê ek moet loop werk of leer, maar ek hou van mooi goeters maak.

Ek staan en wag dat my sproete kom land.

Okay, sê ek, Ek sal my goed bring.

Buite sukkel ek, dit is heelwat moeiliker om die staldeur toe te trek as oop te stoot. Ek het hom nooit weer gesien nie. Ek het huis toe geloop met die grondpad. Daar was geen aankondiging, die lug het nie van kleur verander nie, maar ek het 'n ander, heeltemal nuwe pad geloop as wat ek enkele minute vroeër sou. In oomblikke is ek verander. Ons sou binne maande trek na 'n nuwe dorp, daar sou ek opdaag as 'n nuwe kind, op die oog af dieselfde, 'n skrikkerige, versigtige wese met 'n sagte gesig en groot oë vol kommer, gereed om te koes of pad te gee, maar in my binnekant was 'n nuutgebore dapperheid waarvan ekself nie dadelik sou weet nie, sluimerend het dit lê en wag om my vooruit te beur wanneer ek 'n volgende keer te maklik wou vlug of omdraai.

Die gewysigde ek het met Die Eenkantstraat teruggeloop. Ek het my eerste soldaat ontmoet. Tot 'n paar oomblikke terug het ek soos 'n jong dwaas met sy nóg dwaser handlangers, Ontwrigting en Twyfel, in sirkels gehardloop op 'n reguit pad, nou het ek gestap, steeds met sproete, maar met 'n reguit rug. Ek het lig en veilig gevoel, onwetend dat Die Eerste Soldaat sou vermeerder tot 'n peloton van vegters. Ek kan hierdie waarheid nie vermy of vermom nie, ongelooflik en onverklaarbaar is dit my realiteit: Vandat ek vir oulaas die staldeur toegetrek het, deur alle fases van my verdere lewe, skool, universiteit, werkend, volwasse, gevestig, siek, gesond, koninklik of kwesbaar, altyd onverwags, maar asof volgens 'n rooster, verskyn sterk, heteroseksuele, professionele, vindingryke mans in my lewe, manne wat gemaklik en gereeld binne die norm funksioneer, elkeen met 'n instink om my te beskerm, te ondersteun en hartstogtelik te verdedig, sonder ver-pligting of agenda, ek leer ken hulle vrouens, kuier met hulle kin-ders, skink wyn wanneer daar vrae is, of stories. Daar is steeds verwondering onder dié wat dit opmerk, ek word omring deur karakters wat volgens alle gebruiklike ordes my behoort te mis-ken.

Daar is min wonderwerke en geen waarborg, ek sal vir ewig droom van koetse, vertoef naby kerslig, struikel onder beledigings, jaloers gluur na die gemak van onkunde. Maar af en toe, wanneer die donker swaar word, wanneer net slaap genesing kan bring, weet ek ek kan val, ver en sonder keer, dis 'n weelde wat jy net ontvang met die kennis van soldate, iedereen binne bereik, altyd gereed om sonder aarseling 'n swaard uit sy skede te ruk.

Op pad huis toe het ek niks hiervan geweet nie. Maar hoe nodig sou ek daardie bystand hê tydens die dekade tot en met matriek, deur daardie tien jaar toe my land se leiers, sy predikers, sy ouers en pedagoë 'n dom-astrante, chauvinistiese, rassistiese, seksistiese, homofobiese, eiegeregtige, kleinlike, super-onnosele paniek sou ervaar wat elke ontwikkelende jong siel sou smoor totdat geloof, musiek, kuns en kennis gelê en snak het onder sensuur en lelike klere. Dit het bekend gestaan as die sewentigerjare.

Die game is heavy

Ek staan voor Ouma se spieëltafel. Die boonste laai is oop. As jy haar nie geken het nie en net die laai aanskou het, sou jy jouself 'n heel ander persoon voorstel. Die laai is vol halssnoere, 'n té formele woord, ons het eerder gepraat van krale. Almal is in dieselfde styl, elkeen 'n ander kleur, twee of drie stringe, kort, effens langer, nog 'n bietjie langer, almal saamgebring by dieselfde hakie of heel groot steen wat agter in die nek moes rus. Van agter na voor word die krale groter. Nie een is heeltemal rond nie, elkeen lyk of hy met 'n vinger effens ingeduik is om 'n unieke vorm te kry. Waarvan dit gemaak was, weet ek nie, in die hoek van die laai was 'n gebreekte string met splinters soos dié van dun glas of skulp. Elke kraal is gedoop in 'n ander kleur verf of emalje, geen kleur was solied nie, daar was variasies soos wanneer jy twee kleure verf sou meng om iets met rowwe kwashale te versier. Hierdie stringe het presies gelyk soos dié wat die koningin van Engeland op foto's gedra het, net meer kleurvol, Ouma se bont pêrels. In die laai het hulle gelê soos halfmane – een in donkerblou, een in sagte pienk, een in ligte groen, een in bloedrooi, een in mosterdgeel, een in turkoois – en my verwelkom in 'n nuwe hemelruim.

Ouma, sê ek, In my Bybel dra die konings almal sulke krale.

Ouma lag.

Probeer dan maar die rooie, sê sy.

Ek sit die krale om my nek, Ouma maak dit agter vas.

Hulle dra lang mantels, sê ek.

Dan moet ons kyk wat hier is, sê Ouma.

Sy haal 'n oranjerooi rok uit die kas, een van sagte lap met patrone soos vlamme, binne is 'n voering in dowwe rooi, ek het haar nog nooit in hierdie tabberd gesien nie. Ek vra nie vrae nie, ek hou net my asem op terwyl sy die vuurkolom om my lyf laat sak. Sy grawe in 'n winkelsak en 'n oorlede diertjie beland op my skouers. Konyn? Jakkals? Ek het Ouma nog nooit pels sien dra nie. Op hierdie oomblik lyk ek soos die koningin van Engeland se ma.

Het jou konings krone? vra Ouma.

Ja Ouma, sê ek, Goues!

Kom ons gaan kyk in die voorkamer, sê sy.

Ek lig die rok se voorkant op en kyk na my voete.

Daai konings het sandale gedra, sê Ouma, Hier is nie sulke goed nie.

Sy buk voor die kas en draai toe om met twee swart kerkskoene in haar hand.

Moenie val nie, sê sy.

Ek slof agter haar aan tot in die voorkamer. Die skoene het hakke, dis 'n openbaring, 'n veilige vesting, 'n styg bo die res van die mensdom, watter stomme wese het besluit ons moet met plat skoene enige lewe aandurf?

In die hoek van die voorkamer woon 'n kleinerige varing op 'n houtstaander. Rondom die kleipot is 'n metaalsilinder met krulle en punte wat boontoe wys, dofgoud geverf. Ouma lig die varing met sy pot, glip die silinder af en plaas dit versigtig op my kop.

Af met die gang, sê sy, Jou onderdane wag!

Teen die tyd dat ek die einde van die gang bereik, is ek nie meer 'n koning nie, ek is ek en Ouma is die genade waarsonder geen negejarige ooit 'n toekoms kon hê nie.

• • •

Ons was vir 'n uur in Wellington se begraafplaas, Ouma het gaan blomme opsit, sweet peas, kappertjies, varkblomme en pers blommetjies wat lyk soos papier, ek weet nie wie se grafte sy gekies het nie, die dood was nog te min van 'n werklikheid. Tannie Engela Hamman was ook saam, sy het emmers vol water by die kraan gaan haal. Ek het gehardloop van engel tot engel. Dit was nog voor Wellington se vandalisme begin het en die begraafplaas was 'n plek van prag. Nou sit ek agter in Tannie Engela se groot motor vol blink-blink handvatsels, Ouma sit voor in die passasierstoel, ons ry verby die Andrew Murray-kerk, ons draai nie regs na waar die hoofstraat se groot winkelgeboue wag nie, ons ry reguit aan met die pad na die stasie, hier sit die winkeltjies nog een-een en dis waar Ouma verkies om haar inkopies te doen.

Tannie Hamman is geklee in 'n sagte bruin langbroek met stiksels van bo tot onder, 'n dun bruin truitjie met 'n ronde nek, 'n tweede dun bruin truitjie wat los oor haar skouers hang en twee lang goue kettings met klein roesbruin steentjies vingerlengtes van mekaar. (Nee, hierdie is nie tieroë nie, sê sy.) Haar hare is donker met liggrys strepe, gespuit tot gehoorsame golwe. Sy was deftig op weeksdae ook.

Ouma is in een van haar snyersrokke, hierdie een 'n gunsteling in koraalpienk. Sy het kouse aan, donker hofskoene met lae hakke en behalwe haar fyn horlosie, geen juwele. Haar unieke stringe krale was slegs vir geboortes, huwelike en sterftes. Ouma was aan almal bekend. Enigeen kon jou vertel van haar glimlag, bolwangetjies en laggende oë. Hierdie prentjie is voltooi deur haar kort donker krulhare (ek kan nie 'n grys haar onthou of op 'n foto opspoor nie), geen grimering en 'n kordate, kiertsregop lyfie.

Daar is nooit oor Ouma se kleredrag gepraat nie, sy het nooit soos ander vrouens hardop gewonder oor wat sy hiernatoe of daarnatoe sou aantrek nie, sy het na aan die aarde geleef, was elke wakker oomblik aan die bedien of troos of help, praatjies oor bog soos modes was ondenkbaar, tog het sy iets gedoen wat ek eers jare later sou opmerk onder die beroemdes en eksentriekes met onbeperkte fondse en permanente tuistes in die media: Sy het 'n uniform gedra, tot op die millimeter gemaak om haar te pas. Sy was nie 'n maer vroutjie nie, ook heeltemal te aktief om groot te wees, die kombuis was haar hoofkwartier en haar kurwes het haar liefde vir kos beaam, haar perfekte kuite het getuig van 'n ongekende energie.

Sy was geklee in rokke, presies gevorm volgens haar lyf, altyd met 'n sekelnek, altyd met moue tot net onder die elmboog, elkeen met 'n klein snytjie vir beweging, elke rok tot net onder die knie, nouer na onder, klein snytjie aan die agterkant. Is hulle deur iemand vir haar gemaak? Was daar 'n winkel wat net hierdie tipe rok aangehou het? Wanneer sou Ouma voor 'n rak staan om lap te kies? Die materiale was duursaam, kreukelvry en altyd effekleurig, geen patrone. Daar was 'n paar deftiger weergawes, hierdie was uit 'n gladder lap, byna krakerig om mooi te vou, elkeen met 'n kort baadjie uit dieselfde lap, een met 'n jas. Hierdie skeppings het gespog met dramatiese blomme of ander sterk motiewe, almal in kwashale soos die tekstuur op haar krale.

Te laat het ek hieroor begin gewonder. Te laat om vrae te vra. Hoe ongelooflik modern! Hoe slim! Hoe elegant! Hoe prakties! Hoe vleiend! My ouma wat 'n tydskrif net gebruik het om aan die slaap te raak, was haar tydgenote ver voor met styl. As volwasse man is ek obsessief oor klere, ek koop stukke oor die hele aarde, werk met ontwerpers, fynkam elke nuwe versameling, en alles dra by tot een daaglikse uitrusting, swart kleefbroek, swart hemp met ritssluiter, swart snyersbaadjie, swart skerppuntskoene. Uniform. Ouma.

Ons hou hier en daar stil voor winkeltjies. 'n Paar pakkies verskyn langs my op die sitplek. Maalvleis in bruinpapier. Botter in waspapier. Skaaptjops in wit papier. Sardiens in koerantpapier.

Is ons klaar? vra Tannie Hamman.

Ja dankie, sê Ouma, Laat ons by die huis kom, ek proe al die tee.

Ek kyk na die pakkies.

Is dit al? vra ek.

Ouma en Tannie Hamman lag.

Ons is arm in sente, maar ons het rykdom in mense, sê Ouma.

Dis die natuur, sê Tannie Hamman, En hy kom na dié wat hom volkome eer, die mense is net bodes.

Ek verstaan wat sy sê. Mense het opgedaag, feitlik daagliks, met mandjies vol nartjies (die heining by die groentetuin was gereeld versier met honderde repies droë skil, Ouma se geheim in vele disse), komme vol harders, sakkies vol lukwarte, bakkies vol moerbeie, emmers vol druiwe, kissies vol perskes, Ouma het ver-werk, gestoor, opgedis, uitgedeel.

Laatmiddag kom Oupa die kombuis in. Hy kyk na die toonbank. Hy kyk na die stoof. Hy kyk na die oond. Hy kyk na die tafel. Hy kyk na Ouma.

Verwag jy weer al die Israeliete? vra hy.

Ben, ken jy nou nog nie jou eie huis nie? lag Tannie Hamman.

In die aand sit ons aan tafel, die een in die kombuis. Soos altyd het daar vele opgedaag. 'n Klein vroutjie met 'n halwe sonbril, sy het een oog verloor weens 'n gifgogga, die vrou wat nie wil glo haar parakiet is weg nie, die man wat werk op die kollege se gronde, die predikant wie se vrou nie praat of kook nie, die meisie wie se suster by die konfytfabriek in die masjien beland het en later as 600 blikkies begrawe is (Ouma was die oggend by haar graf ook) en 'n vriendin se seun wat van die Paarl af deurgery het elke keer dat Ouma laat weet het sy maak frikkadelle.

Ouma het rowwe frikkadelle gemaak met groot stukke karamel-ui, sultanas en brood wat gebreek is, sy het geglo gladde, ewe groot frikkadelle gee nagmerries, dit laat jou droom van krieket of rolbal. Buiten die frikkadelle eet ons geelrys met baie pietersielie, soetpampoen, groenboontjies en jong aartappels, alles uit die tuin. Ook die karringmelkpoeding word voorgesit met bessies uit die tuin. Ons eet heerlik, te veel en organies.

Ek weet ek sit voor 'n poeding, maar wat ruik ek? sê Tannie Hamman. Sy snuif in die lug.

Die patats! skree Ouma, Ek het vergeet!

Sy ruk die louoond oop, 'n oondbak vol stomende heel patats verskyn op die tafel.

Botter! Suiker! Kaneel! sê Ouma en skarrel na die kas.

Is ons nie nou al vol nie? vra Tannie Hamman.

Glad nie, sê Ouma, Môre kom die oorlog, ons eet nou! Hooo, die game is heavy!

Ek het altyd gedog dis iets wat almal sê, maar het later geleer dit was net Ouma se sin. Sy het dit gesê wanneer sy op haar gelukkigste was, omring van mense en met die oortuiging dat dinge nie kan beter nie.

• • •

Ons sit op die lang agterstoep. Ons sit soos drie krewe in kookwater, dis warm reg rondom. Ouma het 'n nat lap agter in haar nek, Oupa het een op sy bors, ek het een op my voorkop.

Is die kar se ruite oop? vra Ouma.

Ja, sê Oupa.

Is die kar onder die dak? vra Ouma.

Ja, sê Oupa.

Dan is hy mos nie so kokend dat julle nie kan ry nie, sê Ouma.

Ry? sê Oupa, Nou?

Die kind kuier al vyf dae hier en hy het nog nie 'n roomys gehad nie, sê Ouma, Of wanneer dink jy gaan dit warm genoeg wees?

Waar moet ons gaan? vra Oupa.

Daar's roomys by die swembad, sê Ouma, Jy hoef nie te betaal vir swem nie, jy koop dit by die venstertjie. Dis twee minute van hier af. En moenie van daai sagte wit goed koop wat uit die masjien kom nie, dit smelt nog voor dit in die cone is. Koop vir hom rum en raisin, hulle skep dit in 'n bakkie, dis yskoud en hou langer.

Ek en Oupa klim ewe onwillig in die Volksie. Ek weet hy is nie lus vir my nie, hy hou van sy kleinkinders in 'n groep, dan kan hy sy stories vertel met al die nodige effek en hoef niemand in die oë te kyk nie. Ek is vervul met vrees (ek het nooit geweet 'n mens kan bang raak in sulke hitte nie), die dorp se swembad bevat alles wat ek verpes, gillende kinders, water en musiek oor luidsprekers. Soos alle kere wat ek benoud is, praat ek die hele rit van twee minute sonder om asem te haal. By die swembad hou ons stil. Ek ruik die chloor en sonbrandolie nog voordat ons by die venster- tjie is. Hel se hel se hel.

Oupa vra vir sigarette en 'n bakkie rum en raisin. Ons klim terug in die Volksie. Verligting. Oupa ry om die hoek. Hy hou stil onder 'n groot boom voor 'n geboutjie met drie winkeldeure.

Sit net hier, sê hy en klim uit.

Hy loop in by die verste deur. Bottelstoor, lees ek. Ek eet my room- ys. Oupa maak die deur oop en sit 'n papiersak met drie bottels wyn op die agterste sitplek. In ons familie verskyn daar nooit wyn op die tafel nie. Niemand sit met wyn op die stoep nie. Niemand praat oor wyn nie. Ek lek my lepeltjie af en bly tjoepstil. By die huis klim ek uit en hardloop stoep toe. Ouma sit met 'n nuwe nat lap oor haar hele gesig. Oupa glip met die wyn by die tuinstoor in.

En hoe was dit? vra Ouma.

Lekker, dankie Ouma, sê ek.

Waar's jou Oupa? vra sy.

In die tuinstoor, sê ek.

Ons sit vir twintig minute. Toe ruik ons die sigaret, Oupa staan en rook teen die groentetuin se heining.

Ek dink dis tyd dat ons met die gemmerbier begin, sê Ouma, Kom help my.

In die kombuis haal sy die kurktrekker uit die laai. Ons is weer uit by die deur, oor die stoep, af by die trappies, oor die agterwerf tot in die tuinstoor. By die hoop aartappels buk Ouma en begin die boonstes afrol. Een vir een verskyn die drie bottels wyn. Uit een is gedrink en die prop is teruggedruk. Ouma trek al drie se proppe uit en keer die bottels om.

Dit ruik soos skoolpiepie, sê ek.

Dit proe ook so, sê Ouma.

Ons loop terug tot in die kombuis. Ouma spoel die bottels uit en maak hulle onderstebo staan op die droograkkie. Sy hou vyf vingers in die lig.

Suiker, gis, gemmer, suurlemoen, rosyne, sê sy en maak die kas oop.

• • •

Oupa was 'n storieverteller. Ons kleinkinders het tydens elke saamtrek in 'n halfmaan by sy voete gesit en hy het ons vervul met verwondering en veral vrees. Hy het graag so begin: Eendag, daar ver in die pad, verskyn 'n stoffie. En dit kom al hoe nader. Wat kan dit wees?

'n Daldoel! skree ons almal dan.

'n Daldoel was 'n harige monster, regop soos 'n mens, effens korter as 'n uitgegroeide man, wild, wreed en onvoorspelbaar genoeg om 'n kindjie op te eet. Dit was al beskrywing wat hy ons gegee het, die res is aan ons jong verbeeldings oorgelaat, ons kon detail aanpas en verander soos die avonture plaasgevind het.

Oupa se eie verbeelding was sonder grense, barbaars en uiters fantasties. Hy het woorde opgemaak en name verander, niks was gewoon nie, die Paarl is Johannesburg se Kaap genoem, die rivier was Ander Oom Se Stroom, 'n viskoekie was Goliat Se Dooie Oog.

Oupa het ook strokiesprente geteken binne-in en agterop Ouma se briewe. Grillerig en boeiend, elkeen 'n kunswerk. Wanneer jy daarna gekyk het, kon jy hoor hoe Ouma haar tong klik. Met bewerige dun lyne het hy uitgebeeld hoe sy haar dag deurgebring het. 'n Persoonlike gunsteling (ek kyk nog gereeld daarna!) is die een wat wys hoe Ouma 'n groot mol by die geut uittrek. Onderaan het hy geskryf: Ouma vang aandete.

Ouma was 'n briefskrywer. Een of twee keer per maand het ons 'n brief ontvang, gerig aan die hele gesin, sonder uitsondering word elkeen ook iewers alleen aangespreek. Ons het eers die koevert gelees. Voorop: Meneer Posman, dankie dat jy so gereeld my nuus by my kinders gaan aflaai. Agterop: Ek het nou klaar toegeplak, maar kry nie 'n seël nie. Ek weet nie hoekom 'n ding nie bly lê waar ek hom gelos het nie. O, hier val die reën, ek gaan nou pannekoek bak. Ek weet die beslag moet eers staan, maar dis al vieruur. Soene. Die brief self het bó die datum of die groet begin met 'n laat inskrywing: Gister het Daleen gebel, sy sê Hennie se rug lol weer.

Briewe is op dun wit of ligblou papier geskryf. Skryfpapier met patrone, blomme, sterre of net gekleurde ontwerpe in die hoeke was hoogmode, maar Ouma het 'n leë bladsy verkies, sy het geskryf dat daar nie die kleinste spasie iewers oop was nie. Op 'n dag gee sy wel vir my 'n skryfblok met sirkels en kolle in vele kleure rondom elke bladsy. Dit was in die tyd dat my handwerkmonstertjie sy kop begin lig het, my liefde vir rye begin blom het en my toewyding aan herhaling homself begin vestig het. Met skryfblok, skêr en sellotape sit ek in die voorkamer en vergeet van tyd, ek knip en plak lanterns, die't ek in 'n kunsklas geleer maak, maar toe was daar net een, nou maak ek 'n honderd. Met elke voltooide lantern word my lewe mooier. Vir die eerste keer ooit mis ek middagete, ek weet nie dat Ouma die huis verlaat het nie en het geen idee waar Oupa is nie.

Ek gaan soek die man wat op die kollege-gronde werk. Aan die een kant van die lang stoep, reg onder die dak, maak hy 'n draad vas. Ons ryg lanterns in tot die draad vol is, hy maak dit aan die ander kant van die stoep vas. Die stoep is dadelik onherkenbaar. Nóg twee keer doen ons dit. Uiteindelik staan ons onder 'n wolk van lanterns. Ek kan nie glo wat ek gemaak het nie. Wie het 'n kamera?

'n Motor hou stil, Ouma en haar kerkvriendin verskyn op die stoep, elkeen met twee groot sakke.

O, dis mooi, sê Ouma, My kleinkind loop oor van die talent!

My arms! sê die kerkvriendin.

Albei storm die kombuis binne, ek agterna. Hulle sit die sakke op die tafel neer en begin uitpak. Ligblou dosies. Tien, twaalf, agtien, vyf-en-twintig, ag-en-dertig, vyftig!

Wat is dit? vra ek.

Budjiesaad, sê Ouma, Is dit nie oulik nie?

En wie het 'n budjie? vra Oupa in die agterdeur.

Daar was 'n promosie, sê Ouma, Dit was so goedkoop! Ek kon dit nie daar los nie!

Wat gaan jy hiermee doen? vra Oupa.

As hier eendag 'n budjie aankom, is ons voorbereid! sê Ouma.

Wel, julle sal die tafel moet skoonkry, sê Oupa, Die vrou met die koemkwats is op pad, môreoggend vyfuur moet jy begin prik.

Wat is prik? vra ek.

Ons noem dit prik, sê Ouma, Maar ons maak 'n baie klein kruisie aan die een kant van elke koemkwat. Dan begin ons spoel. Ons kook dit drie keer vinnig in skoon water. 'n Koemkwat is 'n juweel van 'n ding, maar so bitter soos jou niggies se ander ouma. Eers as jy die bitter weg het, begin jy hom kook met suiker. Vanaand is vroeg eet en vroeg slaap.

Die volgende oggend, die son is nog flou, stap ek die kombuis binne. Potte en potte koemkwats staan die kombuis vol. Ouma sit op 'n stoel, haar kop lê op die tafel, sy snork liggies.

Ouma? sê ek.

Sy lig haar kop.

Wie is hier? Wat het ek gemis? vra sy.

Ek sê, Ouma het geslaap.

Sy kyk na my.

Ek het gewag vir die son, sê sy, Ek was al lankal klaar met die laaste spoel, toe's dit nog donker. Jou Oupa is 'n robbies, hy doen dit sodra ek vrugte kry, maak my middernag wakker en sê dis vyfuur.

Wat nou? vra ek.

Ek moet wag vir die kerktannie van gister, dan begin ons kook, sê Ouma, Sy is klein genoeg vir staan op die stoel, dan roer sy met die lang stok. Maar ons is nou wakker, ek maak ontbyt.

Ons sit aan weerskante van die tafel. Ons eet jogurt wat Ouma maak met die plantjie. Dis effens bitter met klein stukkies perske in, lekkerder as enige swembadroomys. Daarna eet ons tuisgemaakte witbrood, die groot vierkantige soort met die harde dop. Op elke dik sny smeer Ouma soutbotter, bo-op kom grof gerasperde goudgeel Wellingtonkaas.

As alle mense dié kan proe, sal hulle ophou skoorsoek, sê Ouma.

Sy staan op en lig die lang pot van die stoof. Sy skink moerkoffie in twee koppies.

Dis net vir ruik en doop, sê sy, As jy hom skoon drink, grom jou maag tot môre.

Toe haal sy beskuit uit die blik met die liggroen strepe, vier lang stukke vol anys.

Hooo, die game is heavy, sê sy.

Die game is heavy, sê ek.

Samuel

Dit moet verskriklik wees om 'n doodgewone oupa of ouma te hê. Ek het al kontak gehad met lewende wesens wat grootouers beskryf het met woorde soos streng, teruggetrokke, suur, moeg, breekbaar, negatief, kleingelowig, bygelowig, benoud, kwaai of afwesig. *My* oupa en ouma (ek het net een paar geken, my pa se ouers is albei oorlede voor my geboorte) was op enige dag – goed of moeilik – 'n kragtoer, 'n kishou, 'n span trek-osse, 'n lagbui, 'n rolprent, 'n sirkus, 'n weermag, 'n fort, 'n seisoen.

Ouma was onvoorspelbaar, energiek, gasvry en enig, presies hoe ek graag onthou wil word. Oupa was onvoorspelbaar, snaaks, vol stories en dikwels buierig, presies hoe ek wel onthou word.

Almal, álmal het my ouma geken. In die familie was sy Ouma Maria, in die dorp was sy Tannie Ben. Hoekom selfs die mees imposante vroue vir generasies hulle mans se name moes dra, sal nooit verduidelik word nie, maar Oom en Tannie Ben was geliefd en het hierdie benaming soos 'n eretitel gedra.

Dit moet verskriklik wees om 'n oupa of ouma te hê met 'n gewone huis. Kleinkinders – en daar was meer as tien van ons – moet vir ten minste ses van die eerste ag jaar begoël en betower word, met voetjies in die lug loop, wakkertyd die onwerklike kan sien en slaaptyd die ongelooflike kan droom. Hulle moet weet dat solders en trappe die tuistes is van daktrolle en spioenmotte, dat krakende balke beteken die krygers en die kadawers breek nou hul boeie, dat wanneer stof in 'n stroompie lig begin dans, elwe en praatvlinders nooit ver is nie en dat paaie kon beweeg en bestemmings kon verskuif om te verhoed dat enigeen ooit verdwaal.

Oupa en Ouma het in 'n kasteel gewoon, een met 'n ontelbare hoeveelheid kamers, 'n kloktoring, 'n balsaal met 'n vleuelklavier, 'n gang wat langer aanhou as 'n preek, die hoogste plafonne wat 'n gebou kan hê, stoepe aan drie kante en twee bome wat alles kon raaksien. Grootboom Een was 'n rubberboom met wortels waarvoor die aarde te klein was, hierdie wortels het bo die grond geleef, grys en glad soos pote van 'n oerdier, 'n entjie verder was Grootboom Twee ('n eik?) met 'n stam so dik, tien mens-arms was nodig vir 'n omhelsing, en aan die bokant, 'n groen wolk waarin 'n huis kon wegkruip.

Vir oningeligtes en veraf kennisse sou hierdie situasie té oorweldigend wees, hulle waarheid was daarom soos volg: Oupa was die faktotum by die Hugenote Kollege op Wellington. Hier is meisies opgelei in 'n maatskaplike rigting. Daar was twee kampusse, op een van hulle was daar twee koshuise, drie huise en 'n kleinerige saal. Een van hierdie koshuise was 'n kolossale wit gebou met baie vensters, 'n klein toring en 'n groot voordeur. 'n Deel van die onderste vloer was ingerig as Oupa en Ouma se tuiste, hulle voorstoep was 'n systoep, hulle voordeur was 'n sydeur. Hierdie gebou was bekend as Huis Samuel. Vir ons, die kasteel se gereelde gaste, was dit 'n lewende sfeer, die stel waarop 'n jarelange meesterstuk afgespeel het, steeds bekend as Samuel.

Samuel se beheersentrum was die kombuis, groter as dié van 'n restaurant. En met 'n koelkamer! Sal ek ooit die swaar staaldeur met die massiewe chroomhandvatsel kan vergeet?! Vakansies het die familie hier saamgetrek en Ouma het gewoel asof 'n industriële kombuis die norm was vir enige huisvrou.

Ouma, hoekom kan mens tot in die yskas loop?

Soos die wolf sou sê, om beter te kan eet, my kind. Die meisies eet nou oorkant by Gesie, maar voorheen is hulle maaltye hier gekook. Ek praat nie lelik nie, maar hulle kan groot eet, sulke vaal meisietjies. As jy 'n lewe kies van omgee en diensdoen, is daar min plesier.

Wat is diensdoen, Ouma?

Jy bekommer jou oor ander. En niemand betaal jou baie vir dit nie. Groot erf of ryk trou is al redding, maar dit gebeur min. Siestog man, ek gaan sit gereeld beskuit en bolletjies daar voor by die klavier neer, dis nie my werk nie, ek bak vir julle, vat nog 'n koekie, maar hulle het mos nou nie 'n ma naby nie.

Voor by die klavier. Hier het ek vir die eerste keer familiebloed gestol met 'n volskaalse vertoning. Aan die einde van Ouma se gang was 'n deur wat tydens kollege-vakansies oopgestoot is. Dit het gelei na die lang gang met Samuel se amptelike voordeur aan die einde en langsaan, die groot vertrek. Hier was 'n bruin vleuelklavier, so vals soos alle koshuisklawers, maar 'n magneet met 'n krag net-net sterker as my eetlus. Elke Kersfees, terwyl daar bankette voorberei is, terwyl my ma met haar susters en skoon-susters op die stoep geskaterlag het, terwyl die ooms gepraat het soos ooms praat, terwyl Oupa in die tuinstoor weggekruip het, terwyl niggies en nefies op matrasse teen Samuel se trappe afgegly het, het ek rondom die vleuel die Kerskonserte beplan.

Eerstens is Ouma se honderde Kerskaarte aangedra en uitgestal. Papierkettings is gemaak en gespan van waar tot waar 'n kind kon bykom. Dennetakke is ingesleep. Kerse is staangemaak in enige houer wat kon skitter en daarna is die rolverdeling beplan. Kostuums het uit Ouma se klerekas verskyn, aangevul deur bed-degoed, karosse, rankplante en lapblomme. Onwillige kinders is onmiddellik vervang deur myself: met die uitsondering van die herders en hulle skape wou ek elke karakter wees. (Herder en skaap was ononderskeibaar dieselfde, bedek met badkamermatjies en woloortreksels uit die kollege se bakkie.) Eers veel later, nadat ek ernstig begin lees het, het ek besef hoe ver my ontwerpe gestrek het, Maria het deur die jare verskyn as Mata Hari, die spookvrou uit Wilkie Collins se beroemde roman en Isadora Duncan. Josef en sy bokvel het gelyk soos die leier van 'n Vikingstam en die engel was eerder 'n vrou van die nag. Net wanneer daar genoeg juwele oorgebly het, het 'n wyse man of twee verskyn. Een jaar was daar ook verskynings deur Herodes, Potifar en Cleopatra. Ek onthou die laaste konsert in Samuel as 'n spesiale hoogtepunt, dit was die wêreld se eerste Kerstablo met 'n meermin.

Gaan niemand dit stop nie? het my ma elke jaar gevra.

Los hom uit, het Ouma gesê, Waar het jy al 'n gelukkiger kind gesien?

Dit was te laat vir omdraai, 'n ondier is gebore. Almal moes die vertonings bywoon. En hulle moes betaal. En hulle moes stilsit. Hande klap, geen gepraat. Net Oupa was nie daar nie. Die eerste jaar het hy my een middag 'n hooftooisel sien aanpas en is dadelik stoep toe vir 'n sigaret. Tot en met sy dood het hy my nie een keer sien optree nie, daar was nooit 'n skewe woord, of 'n verbasing of 'n vraag nie, hy is net stoep of stoor toe.

Die een wat wel swaargekry het, was my ma se oudste broer, hy kon eenvoudig nie na my kyk nie, nie in die Kerskonsert of in die gang of in die tuin of aan tafel of as ons groet voor ons ry nie. Hy was saggeaard en vriendelik, maar hy kon nie kyk nie. Ná die Samueljare het ek hom nog een keer by 'n begrafnis gesien en uit sy pad gebly, nooit ooit 'n woord gewissel nie. My ander twee ooms het verdra en verduur, my ma se jongste broer – mensig, hy was mooi! – het selfs grappies gemaak en gereeld gelag vir my toenemend eienaardige sêgoed.

Die vrouens het in 'n ry gesit en kyk hoe ek jaar na jaar my gehoor probeer oortuig het Maria was wel versier met 'n paar stringe kunspêrels, so ook die res van Betlehem se inwoners. Hulle het gelag, saamgesing, stil-stil gebid en fluisterend bespiegel oor hoe my ouers ooit hierdie spektakel in toom sou kry.

Niggies en nefies het soos niggies en nefies hul instink gevolg, 'n paar het hul eie draaie gehardloop, 'n paar het dadelik ingestem wanneer ek nog 'n ambisieuse projek voorgestel het (grootdoop in die rivier was 'n gereelde treffer), selfs voorstelle gemaak of aangedring op gedeelde leierskap. Ek het hulle liefgekry en ons verlang steeds saam na Samuel.

Die rivier: Het die water hulle gevolg of het hulle die water gevolg? Oupa en Ouma was altyd naby 'n rivier. Samuel se rivier was aan die einde van Die Vyf Vlakke Van Vervoering. Jy kon nie bloot uit 'n motor klim of om 'n hoek aangestap kom nie, vir hierdie vlakke moes jy by Ouma se voordeur (Samuel se sydeur) uitkom. Hier het die gebou 'n U gevorm, daar was 'n groot, hoë stoep met 'n afdak en harde buitebanke, in die middel van die stoep was 'n klein grasperk, in die hoek van die grasperk was 'n boom, Vervoering Een, 'n boom anders as al die ander in ons verhaal. Sy stam was dun en het eers grasieus skeef gekronkel en dan vertak tot 'n oop hand met lang vingers. Blare was silwergroen en glad soos plastiek, tussenin was die blomme, rooipienk, stewig gevorm soos lelies wat uit klein granate gebore is. Die reuk was die reuk van Ouma se huis, hierdie blomme was orals, in glase, in vlak bakkies, in pierings, langs beddens, op vensterbanke, op 'n skinkbord in die voorkamer. Hierdie boom (met die hulp van Magdel het ek eers onlangs uitgevind dat dit 'n kameliaboom was) het gelyk soos 'n oomblik uit die Ooste en ek het elke tree vanaf die voordeur saggies by die naam genoem: Tree, Tree, Tree, Tree, Japan, Japan, Japan, Trappie, Trappie, Trappie, Vervoering Twee.

Vervoering Twee, 'n groot stuk klippiesgrond, is deur Grootbome Een en Twee regeer, hulle het ons toegelaat om te parkeer, ure te speel of na die Grenslose Groen te staar. Die laaste drie Vlakke Van Vervoering het bestaan uit lap op lap groen, elkeen verskillend, ek het hieraan gedink as 'n woestyn wat gered was. (Dit was waarvoor ek gebid het dwarsdeur elkeen van die dorre, dodende vakansies wat ons moes oorleef terwyl my ma se een suster nog in Suidwes gewoon het en daar geglo is gillende kinders teen 'n sandduin is 'n vorm van geluk.)

Vanaf die klippiesgrond was 'n helling waar Grootboom Een se massiewe wortels getuimel het soos 'n Inka-tempel gekap uit 'n heilige rots, hier kon ons skeeftrap, af tot op 'n grasperk, ook 'n waterstroompie en plate kappertjies en aronskelke. Hier het 'n wingerd begin, so ver links en so ver regs as wat jy kon sien, liggroen en welig en sonder 'n druiwekorrel. Dit was 'n deurstapwingerd, geplant vir jou oë alleen, en 'n nou paadjie met lang platgetrapte gras het gelei na die laaste vervoering, Donkiebos, 'n bestemming meer aanloklik as die grootste speelgoedwinkel. Elke gril en skrik en padgee van my lewe was as gevolg van assosiasie, maar selfs nadat 'n aangetroude oom sonder naam op 'n dag hier 'n beroerte gekry het en deur my pa en ander met die wingerdpaadjie gesleep-dra is tot in Samuel, was geen bekoring verlore nie.

Donkiebos het met 'n netjiese ry bome begin, 'n grenslyn wat niks wou keer nie, 'n netjiese papierwoud uit 'n opspringboek, met, aan die binnekant, alles wat in 'n vriendelike woud hoort, die geluid van honderde radio-voëltjies (presies dié wat in die dae van radiodramas enige buitetoneel moes aandui), 'n plafon van groen wat net hier en daar die son toelaat om 'n patroon te teken, 'n kniehoogte kosmos van jong boompies wat hoopvol opspring in die skadu van hul oudstes en 'n dik tapyt van seisoene se gevalle blare, sag en in verskillende skakerings van verganklikheid. Hier het ek besluit dat geen hark ooit 'n tuiste van my sal skend nie, dat geen voorstedelike tuin eendag my teenwoordigheid mag aankondig nie. Deesdae, in 'n klein woud wat my meer as twintig jaar geneem het om te vestig en ekstaties te laat gedy, hyg verwilderde gaste gereeld: Geen tuindienste? Jy los dit net? Aarde! (Ja! Aarde!)

'n Entjie deur Donkiebos kon jy die rivier – eerder stroom – hoor. Daar is woorde wat ek nooit ná laerskool weer wou gebruik nie, kabbel is een, maar hierdie riviertjie het gekabbel, liggies geklots, klippies gesoen, om hangende takke gedans soos 'n nat ballerina, alles wat mooi en soet en heilsaam was, het voor jou gevloei. Dit was die prentjie waarna elke apteekalmanak, beterskapkaartjie, geestelike dagboek en waterverf-amateur vandag nog streef. Hier moet ek dit duidelik stel: Behalwe vir reën het ek – weens redes bekend en onbekend – vrede met water, vlak water en mak brandertjies is net onder druk betree, oseane, watervalle, buitestorte, swembaddens en visdamme is geskape vir ander, ek het reeds as kleuter my driehoek van bome, boeke en broodjies grommend beskerm, hoekom aan my torring omdat ander kinders móét plas en pie daar waar water is?

Máár. Die stroompie in Donkiebos het my bly roep. In die beginjare is ons in groepe soontoe, later net Ouma en ek (ons twee het selfs op 'n keer besluit dat sy aan die regering sou skryf om harke permanent te verbied) en uiteindelik ek alleen. Wat hier begin gebeur het, is steeds moeilik om te verduidelik.

Lopende water reflekteer lig, 'n helder stroompie waarvan die bodem sigbaar is, selfs meer. Daar is sonstrale, naaldekokers, bye, goggas, vissies, klein diertjies met ogies, die radio-voëltjies, gebreekte glas of ander sondes, vele goed wat jou kan laat glo jy sien iets anders. Maar ek het – wanneer dit stil was en ek veilig genoeg gevoel het om kortliks van myself of die alewige moontlikheid van 'n ander te vergeet – buitelyne begin sien, noem dit sketse bo die water, dowwe flitse, goed wat beweeg het, 'n sekonde of korter, 'n onbekende ding wat kon vlieg sonder 'n hele lyf, later staties hangende skepsels, deurskynend, wat begin vorm aanneem het, altyd van onder na bo, en dan verdwyn het voordat daar arms of 'n gesig was, eenkeer die onderkant van 'n gewaad wat aan die water geraak het en toe weer weggelig is. Niks was sigbaar genoeg dat ek dit hardop kon noem of iemand van iets werklik oortuig nie. Kinders sou sê, Ag jy's mal! Uitgegroeides sou sê: Te veel son! Te veel suiker! Jy's moeg, jou ogie spring!

So, ek het geswyg. Maar ek sou sien. Spoedig. Die figure sou ver-skyn sonder truuks, ongetwyfeld, duidelik. En naby. Net 'n paar honderd meter van daar.

Hortjies met maan

Dis 'n reghoekige vertrek, spierwit en klein. Die eerste deur regs as jy by Ouma se Samuelvoordeur inkom. Dis my slaapkamer wanneer ek kom kuier, alleen of met die gesin of met die hele familie, dis my kamer.

Ek lê in die bed, die lig is af, maar ek kan alles sien, Ouma het die venster en die hortjies oopgelos, dis 'n warm aand. Die bed staan teen die muur, aan die voetenent staan 'n kas, 'n lang, nou kas van donker hout, nie goedkoop saamgeperste hout soos die tipiese meubels van die sestigerjare nie, maar wel dun, 'n eenvoudige, ligte kas. Geen pote, daar is 'n boog weggesny onderaan elkeen van die vier kante. Ouma sê dis vir stof bykom, jy moet onder 'n kas kan skoonmaak, dit hou jou siel blink en jou treë lig.

Langs die kas is die deur, wit geverf en hoër as deure in ander huise. Die deur eindig in die hoek, dis die breedte van die vertrek: kas en deur. Dan 'n leë muur wat parallel met die bed loop tot langs die venster. Die venster is langs die koppenent van die bed. Een kant kas en deur, ander kant kop en venster. Dis die hele vertrek.

Voorheen was daar 'n klein skildery teen die groot muur, 'n water-verfprent van 'n huis en 'n werf binne 'n houtraam sonder enige versiering. Op 'n dag het die prent verdwyn en 'n grootjie met 'n grys rok binne 'n ovaalraam het teen dieselfde spyker kom hang. Later het iemand in die familie gesê die raam sal mooi lyk bo haar tafeltjie met die waskom.

Vat dit, het Ouma gesê.

Van toe af was die kamer spierwit en koninklik. Die plafon was hoog en wit, die venster was laer en hoër as gewone vensters (Huis Samuel was immers 'n kasteel!) met ongeverfde houthortjies wat oopmaak na buite. Binne was daar wit gordyne wat geval het soos melk. Ook die beddegoed was wit. In die tyd toe die hele wêreld duvets ontdek het en beddegoed in stelle te koop was, bont stelle met patroontjies in elke moontlike skakering van teleurstelling, het Ouma haar linnekas wit gehou. Beddegoed het gekraak soos die papier rondom duur seep en kussings het geruik soos kerkparfuum, soos 'n tuin binne 'n laai. Dit was die reuk van weelde en ouderdom, geen jong gesin met spikkelmatte en blindings kon so 'n reuk voortbring nie. In die middel van die kamer het 'n enkele gloeilamp gehang, té hoog met 'n té klein lampkap, maar steeds wit.

Die bed was breër as 'n enkelbed en sag. Daar was geen komberse, net lakens en 'n donsding oorgetrek in wit kraaklap. In die winter was daar 'n karos uit dassievel. Hoe ek, die kind wat gril vir am-per alles, my kon tuismaak onder veertig vermoorde rotsdiertjies, weet ek nie. Dalk was daar iewers in my arsenaal 'n boek met illustrasies van ridders of edelmanne toegedraai in pels, dit bly 'n raaisel. Dit was moontlik deel van die rituele van hierdie kamer, die afwesigheid van reëls of tyd, die warm melk met laatnag-skons, die skelm ontbyt terwyl ander in die kombuis moet gaan eet, Ouma wat grootmenstydskrifte bring sodat ek modes kan ontdek terwyl ander seuntjies droom van rewolwers, laat lê al is jy wakker en die son skyn, hier is daar geen skool, sportdae of ouers met naweekplanne.

Hierdie vertrek bly die mees perfekte spasie waarin ek my nog ooit bevind het. Die leegheid, die wit, die eenvoud, die effense eggo, 'n voetval op 'n matlose oppervlak, dit alles herskep ek waar ek gaan. Daar was vele ontsporings in my tuistes, soos smaak en giere ontwikkel of ontspoor, het patrone, kleure, drapeersels, onnodige meubels, staanlampe uit duur winkels, kussings bedruk en borduur, monsters uit elke tydperk of styl om my verskyn, maar wanneer waansin wyk, keer ek terug na wit en leeg. Ek stap deur museums en galerye en verkyk my aan die hoë plafonne, die leegtes tussen die kunswerke en die sale verlos van alle meubels.

Ek sit regop. Daar is geluide buite. 'n Warm nagwind roer alles wat kan roer. Ek is sonder vrees, in hierdie kamer is daar geen nagmerries en geen slaaplopery, net 'n silwer skynsel deur 'n oop venster. Ek klim uit die bed en kniel voor die lae vensterbank. Ek sien Grootboom Een, die bome teen die afdraande, die kappertjies, die heining voor die wingerd, die begin van die wingerdpaadjie en die verre gordyn van Donkiebos.

Een van die hortjies is nie vasgemaak nie, ek stoot hom na buite en leun oor om die swart hakie vas te maak. Ek sien hoe die grond buite verkleur, liggrys, ligblou, helderblou, elektries blou. Ek kyk op, alles, alles is blou. Elke ding, elke boom, elke plant is blou en elke kruin gloeiend, gekroon in glasblou. Elke voorwerp wat ek ken, elke groeiende ding, elke klipharde dooie ding, elkeen is afgeëts, uitgeknip en gedoop in blinkers, elkeen beweeg na voor, elkeen apart, maar niks kom nader nie. Die lug is blou en daar is 'n maan, helderder as wat moontlik is, dis nie 'n volmaan nie, dis 'n ovaal wat brand soos 'n kalm, wit vuur. Maar die lug, die lig en alles onder hom is blou.

Die oomblik was onwerklik, te veel, byna in swak smaak soos 'n Kerskaartjie met liggies of 'n deuntjie. Weens klein batterytjies verdwyn liggies en deuntjies, maar hierdie glimmende, lewende woud het nie verswak nie, dit was daar voor my en ek wou nie wegkyk nie. Ek het uiteindelik voor die vensterbank aan die slaap geraak en die volgende oggend wakker geword met 'n diep keep in my wang.

Ek het nooit voorheen so iets gesien nie, ook nie weer nie. Ek het intussen gelees oor 'n Blou Maan, 'n tipe volmaan wat blouerig vertoon weens 'n unieke stof in die atmosfeer, dis nie wat daardie aand gebeur het nie.

My blou het baie jare later 'n verskyning gemaak op 'n onver-wagse plek. As musiekstudent het ek meer tyd met die drama-studente spandeer as in my eie oefenkamer. Op die verhoog van die H.B. Thomteater in Stellenbosch het ek begin eksperimenteer met liedjies en kort stories, soveel so dat Emile Aucamp, tegniese hoof van die dramadepartement, besluit het om my te leer van beligting. Vir een van my heel eerste openbare pogings wou ek 'n stadige, sagte weergawe van die liedjie "Cabaret" sing sonder enige beligting van voor, ek wou 'n brandende sigaret vashou in 'n poel van intense blou lig. Emile het die lamp gehang, gefokus en 'n dubbele blou beligtingsgel ingesit. Ek het op my plek gaan staan en my asem verloor, ek kon my hande en arms sien gloei in 'n onnatuurlike, toweragtige blou ligkolom, ek kon daaraan raak en dit sien beweeg op my vel.

Blou is nie 'n kleur wat ek wil aantrek of mee versier nie, maar 'n voorwerp of wese gedoop in 'n skynsel, die draer van 'n on-werklike blou lig, dis waarna ek bly verlang – ook die kamer en die lang venster en die hortjies en die vryheid – maar bowenal, onverklaarbaar, onbeteueld, onversadigbaar, die blou!

Eers onlangs herken (of erken) ek dat ek daardie oomblik by die vensterbank steeds probeer herskep elke keer wanneer ek 'n verhoog betree. Ná meer as 6 000 vertonings besef ek dat dit is hoe elke optrede begin, reeds as die ouditorium se deure oop-gaan en die gehoor begin binnekom, is daar blou ligstrale wat direk van bo val op die posisie van elke musikant, dikwels ook op die instrumente, dekor en my mikrofoon op sy staander. Enigeen wat al meer as een van my optredes bygewoon het, moet dit kan beaam. Dis een van die konstantes in my bestaan, ek wat gespanne in die vleuels wag dat die huisligte verdoof, die musikante hulle blou ligte binnestap, die eerste akkoorde gehoor word en die blou lig versterk totdat elkeen begin gloei met sy kroon. Eers dan gee ek my eerste tree en ontspan binne enkele sekondes, eers wanneer die mense met wie ek al jare werk en grappies maak voor my oë verander in die wesens wat vyftig jaar gelede op 'n blou nag in Wellington vir my beduie het, Welkom hier, of jy nou wil of nie, dis waar jy hoort.

Nog hortjies

My pa was sy lewe lank onrustig, hy kon kuier soos min, meer grappe onthou as enigeen, was die eerste om te help waar daar nood was, maar hy was kriewelrig, altyd aan die planne maak om 'n beter lewe te bou, altyd vasgevang deur sy eie besluite. Ek voer dekades lank al 'n stryd teen slaaploosheid, die spook wat gereeld my kragte wegvat en my eeue oud laat voel, en wanneer ek snags deur my huis dwaal, onthou ek hoe ek as jong kind in die nagte my pa sien sit het, ek was altyd op pad yskas toe vir 'n happie, hy het altyd by die tafel gesit met sy kop in sy hande. Ek het gedog hy was ook honger, ek weet nou hy was radeloos, aan die stry met homself en sy omstandighede.

Is dit oorerflik? Ek het 'n totaal ander lewe geskep, feitlik die volkome teenoorgestelde as dié van my pa, maar ek baklei deurentyd met my omstandighede, ek skel my klein lewetjie té gereeld, ek kyk na ander kunstenaars, lees oor ander beroepe, vergaap my aan kennisse wat maklik reis, beledig myself dan as pateties, niks gewoond, teleurstellend.

Iemand het lank terug gesê dat mense wat te veel oor hulself praat of alles wat hulle beoog aankondig, nooit rêrig iets regkry nie. Dié wat internasionale sukses behaal, sit nie op 'n stoel en bespreek begeertes nie, hulle klim op 'n vliegtuig en land langs die reënboog, dié wat dit regkry om te emigreer, sê selde 'n woord, hulle is een oggend net weg, dié wat dapper genoeg is om van loopbaan te verander, lê nie twintig jaar wakker nie, hulle hardloop deur die vlamme terwyl hulle jonk en sterk is, vinnig en geluidloos. Dalk is dit die waarheid, dalk is dit die rede vir al my trauma en nikswees, ek kondig alles aan. Ek het jou gesê? Ek gaan nou vir drie weke daarheen, ek het besluit ek gaan die nuwe produksie só aanpak, nee, ek kan nie saamkuier nie, ek ontmoet só en só, o, het ek genoem ek eet nou net organies?

En dan gebeur alles wel, ek het dit dan rondvertel, maar met trauma en paniek en woede en ongeduld en pyn en trompetgeskal en sweet en uitbarstings. En dan trippetrap ek vinnig terug na die klein lewetjie, sluit die deur, hier's ek weer, niks geleer.

My ouma het selde iets aangekondig. Kon ek nie maar hierdie vermoë erf nie? Sy was 'n meester van verrassing. Sy kon jou verstom sonder die geringste inspanning. Was haar dae net te vol om te praat oor môre? Het dinge net vinnig bly gebeur of was daar 'n geheime notaboek?

Dit was tydens 'n saamtrek of een van die gesin se kort kuiers of een van my alleenvakansies, ek kan nie onthou nie. Vroegoggend stap ek die kombuis binne. Ouma en twee vreemde vrouens sit by die tafel. Dit ruik asof tien honde nou net gebad is in 'n vertrek sonder vensters.

Môre Ouma, sê ek, Wat stink so?

Sê hallo vir Otjie, sê Ouma.

In 'n emaljebak in die middel van die tafel lê die kop van 'n vark. Ek ril soos een wat 'n stoute dans doen. Die vrouens lag.

Lammetjie se kop is klaar in die pot, sê Ouma, Dis hy wat so stink, maar dit sal nou weggaan, ons gooi al die lekker kerrie by, dan ruik die hele huis na grooteet.

Ouma en die twee vrouens sit elkeen voor 'n plank met 'n rubberige stuk pienk orgaan en 'n skerp mes. Hulle krap die rubber. Dit lyk soos hare met skilfers wat op die planke val. Ek doen nog 'n dansie. Die vrouens lag weer.

Môremiddag sny ek vir jou vars brood en dun skyfies gunsteling, sê Ouma.

Wat is gunsteling? vra ek.

Sult! sê Ouma, Jy het dan gister gevra wanneer eet ons weer sult?

Dit was 'n gunsteling. 'n Jellie van kerrie en stukkies pasteivleis, gestol soos 'n klein broodjie. Ouma het dit altyd in dun skyfies gesny en in rye gepak op die groot ovaal bord. Heerlik, heerlik. Vir vinnige lekkerkry op dik snye brood, vir aan-tafel-eet met aartappelslaai en baie pietersielie.

Hoekom is die vark in die bak? vra ek.

Nou waar dink jy kom die sultvleisies vandaan? lag Ouma.

Ek sluk hard.

Ek gaan vir Oupa môre sê, sê ek.

Uit by die agterdeur, oor die werf, by die heining vol skil draai ek na links. Hier het die harde grond in grasperk begin verander, daar was 'n ry bome, links van die bome was die klein saaltjie, regs van die bome 'n rylaan, twee sementstrepe wat lei na 'n motorhuis, regs van die motorhuis die groot netjiese huis. Hierdie huis se naam was Clairvaux en is oorspronklik bewoon deur Andrew Murray, tydens Ouma-hulle se jare in Samuel is dit bewoon deur Dr. Johan van der Merwe. Soos die maatskaplike meisies was Dr. Johan nooit te sien nie, die huis het altyd toegestaan.

Dit wat ons vanaf Samuel kon sien, was Clairvaux se agterkant met al die gewoonheid van 'n agterdeur met alles wat aan weerskante gebeur. Die voorkant is dus deur geen siel behalwe inwoners of genooides gesien nie. En ons wat gesluip het. Ek sluip verby die motorhuis, deur die klein ingang na die voortuin. Hier begin die hortjies. Hortjies van net onder die dak tot op die grond. Soos lang beskuitjies geplak rondom 'n reghoekige koek strek die hortjies om die sykant, voorkant en ander sykant van die lang huis. Tussenin is eweredige spasies. 'n Lae, nouerige stoep strek die volle voorkant van die huis, was dit 'n houtstoep? Ek onthou lang smal planke. Die afdak het gerus op dun pilare, metaal, hout? Weereens onthou ek hout. En fyn detail waar dit die dak raak, nie traliewerk en kartels soos deur die Victoriane nie, 'n meer eksotiese blokkiesmotief asof uit die Ooste.

Tientalle mense sal jou 'n ander beskrywing gee, maar ek het die huis meer as veertig jaar laas gesien en daar is geen foto te vinde, ek berus volkome by my eie ervaring.

Vanaf die stoep het die fyn grasperk afdraand gestrek tot by 'n groen einde, 'n muur van welige bome en struike, ek het besluit dis 'n vlei, 'n kleine vlei vir 'n dramatiese besoek. Ek het altyd net onder die stoep op my sy gaan lê en teen die skuinste gerol tot onder. Nie omdat dit prettig was nie, wel omdat ander kinders hulle tyd spandeer het met bokspring, wawiele, bollemakiesie, hardloop, handstaan of rondkruip, alles aktiwiteite wat deur my jong liggaam geweier is, en ek gevoel het dat ek wel moes bydra tot die kinderdom. Rol het my die minste ontstel.

So voltooi ek my rol op die oggend van die varkkop. Ek lê op my maag en kyk op na die huis. Hierdie lang huis met sy toe hortjies en eweredige maer pilaartjies, netjies geplaas op sy groen heuweltjie, het my geboei, die fynheid, die simmetrie, die elegansie. Ek het gevoel dit is deel van 'n verhaal wat alle kinders behoort te ken, maar nooit vertel is nie.

Daar was geen begeerte om iets oop te maak nie, om te weet agter watter hortjies skuil vensters of deure nie of om na binne te loer nie. Daar was iets bekoorliks aan die hortjies self, die growwe gevoel van die ou hout, die grysheid van elke dwarsplankie, die reuk van die olie waarmee dit lank terug geverf is. Ek wou buite wees, uitgesluit, of binne, opgesluit. Ek het my verbeel die hele huis het bestaan uit een vertrek, so groot dat jy nooit weer die buitekant sou nodig hê nie. Ek het nooit 'n geluid gemaak nie, wanneer daar ook ander kinders was, het ek hulle bly stilmaak. Dalk was Dr. Johan binne, hy sou nie lus wees vir ons en ons geluide nie.

Ek het sedertdien 'n paar keer die voorreg gehad om huise met vloerlengte hortjies te besoek, die gevoel en die reuk was altyd dieselfde, ek was onmiddellik terug op die skuins grasperk.

Iemand beweeg op die stoep. Ek skrik en sit regop. Niemand het ooit gesê of ons hier mag wees of nie en ek was altyd die versigtigste duif in die park, fladderend en verskrik ná enige skielike beweging. Ek skuif agteruit, daar is 'n struik agter my waarin ek kan verdwyn. Maar nou is die stoep weer leeg.

Toe lag 'n vrou. Dis 'n harde lag, maar dit klink veraf, soos wanneer 'n radio uit 'n ander vertrek gehoor word. Toe lag 'n man, ook in die verte. Ek skuif tot teen die struik. Hulle verskyn gelyk, twintig, selfs meer, die hele lengte van die stoep, sag soos sneespapier teen 'n lig, effe deursigtig, 'n skildery in appelkoos, room, roos, liggroen, liggrys, ligblou. Hulle is lank en skraal, elkeen met 'n sigaret of 'n kelkglas, dié met steeltjies, Ouma gebruik dit vir vrugteslaai.

Die hortjies is weg, die huis is oop, dis een groot vertrek met waaiers uit die dak en palms in groot potte. Mans met strikdasse dra skinkborde rond, iemand speel klavier, iemand sit op die arm van 'n groot leunstoel. Ek kyk na die hare, almal, mans en vrouens, se hare is pikswart, glad en na agter gekam, daar is nie 'n krul of 'n kuif nie. Vrouens het bande met steentjies om die kop, ander het serpe gebind sodat lang punte teen die rug afhang. Rokke is regaf tot bokant die enkels, skoene het kort hakkies en bandjies oor die voet. Almal het lang, lang stringe krale om die nek, sommige hang na voor, ander na agter. Die mans het klein snorretjies en donker wimpers. Almal, mans en vrouens, is pragtig, hulle is gelukkig, vat kort-kort aan mekaar en bly aan die lag.

Dit sou jare wees voor ek iets weet van Gatsby, flappers, bootlegging of charleston, maar dit was hier reg voor my op 'n stoep in Wellington. 'n Paar is aan die dans, hulle skuifel met hul voete en beweeg hul reguit arms na voor en na agter. Ek maak my arms reguit en probeer dieselfde bewegings doen. Net effentjies.

Mmm, sê 'n stem. Nie Mmm vir *Dis lekker nie*, maar Mmm vir *Ek sien*. Die stem is diep en in 'n sirkel rondom my. Dis 'n nuwe stem, maar ek weet dis Die Prins.

Oupa verskyn langs die huis.

Ouma sê hier mag dalk 'n kleinkind op die gras wees, sê hy.

Die hortjies is toe, die skraal mense is weg, die stoep is dood. Oupa hoes.

As hier so 'n persoon is, moet hy my nou volg tot by ontbyt, sê hy, Ons eet in die voorkamer, die kombuis gaan nog lank stink.

Ek loop agter Oupa Samuel toe.

As ek jy is, sal ek maar vir eers niks vertel nie, sê hy, In daai huis word die Bybel bestudeer, niemand is nou reg vir stories oor 'n dansery nie.

Hy hoes weer.

Die Paleis Van Toekomstige Openbaringe

Daar was 'n nou pad van klipharde grond wat om Huis Samuel gekrul het tot waar kuiergaste hulle motors onder Grootboom Twee parkeer het. Uit met die voordeur, af met 'n paar trappies, oor die nou grondpad tot by die begin van 'n grasperk so groot soos 'n sportveld, só het jy gestap tot by die streep. 'n Reguit lyn van sement is neergelê oor die ganse lengte van die grasperk. Aan die ander kant, direk oorkant die voordeur van Samuel, was die voordeur van Die Paleis Van Toekomstige Openbaringe.

Hierdie gebou was lank, aaklig en vaal, 'n letsel uit die middel van die twintigste eeu, 'n tydperk toe modern nog nie orals modern was nie. Hier is nóg studente gehuisves en hier het my ouma se goeie vriendin Tannie Gee gewoon. Sy was die kok, dalk ook huismoeder, van Friedenheim, dis wat die lang aakligheid genoem is.

In al die jare wat ek daar gekuier het, het ek – soos in Samuel – nooit 'n enkele student, nie één meisie gesien nie. Dit was net

Tannie Gee en die groot, groot stilte. Daar was 'n langwerpige voorportaal. Die voordeur het bestaan uit dubbele glaspanele met houtrame en wit, effens deurskynende gordyne, van dié wat in die sestiger- en sewentigerjare gespan is oor miljoene glasdeure. Soortgelyke panele het aan weerskante van die voordeur waggestaan, die hele breedte van die voorportaal. Aan die bokant van elke paneel (of lang venster) was oop glas wat namiddagson kon deurlaat.

Sou jy binnekom, die voordeur toemaak en omdraai, was daar voor jou nog 'n ry glaspanele, ook met houtrame en dubbele deure, dit het gelei na die eetkamer. Regs van jou was 'n glasdeur, ook met wit gespande gordyne, wat gelei het na 'n gang en Tannie Gee se woonstel, dalk was daar meer.

Aan jou linkerkant was 'n trap, een van dié waar jy onderdeur kon beweeg, 'n ruim trap met staalrelings, vashouplek in donkerbruin plastiek en miljoene bitter klein beskuitkleurige teëltjies. Hierdie teëltjies het ek die eerste keer al herken, in my jong lewe was daar reeds genoeg binnehowe, skooltrappe en hospitaalportale bedek met hierdie klein kleiskubbe om my te laat wonder. Wie sou so iets kies? Wie sou so iets máák? Hoe lank gaan dit bly?

Jy moes deur die eetsaal stap om die kombuis en Tannie Gee te bereik. Soos die meeste ruimtes vir 'n kind, was hierdie eetsaal 'n besonderse groot vertrek, altyd skemer, met rye verlate tafels en stoele. Hier het dik, lang, toegetrekte gordyne gehang, anders as enige ander gordyn uit daardie tydperk. Ek het 'n paar keer, wanneer die eetsaal minder onveilig gevoel het, daardie gordyne gaan voel. Dit was glad soos dun leer, en onbekend, byna futuristies, ek was in die buik van 'n verlate voertuig, 'n skip sonder bemanning.

Die kombuis was 'n ontploffing van lig en moontlikhede, 'n lang vertrek met rye staaltafels, die staaltafels wat ek weer later in ander professionele kombuise sou ontdek en uiteindelik lewenslank sou liefhê: operasietafels wat gereedstaan vir elke moontlike banket. In hierdie kombuis kon daar honderde disse voorberei word, skares kon hieruit onthaal word, hier kon rye en rye skinkborde regstaan om 'n massa bevoorregtes, uitasem na ure se gedans, te bedien.

Dans hulle baie hier? het ek eenkeer gevra.

Lawwe kind, het Tannie Gee gelag, Dis 'n Christenkollege!

Omdat daar nooit 'n enkele meisie in sig was nie, is daar nooit tydens een van my honderde besoeke gekook nie. Maar daar was altyd eetgoed, lappe is van borde gelig, deksels is van blikke gelig, omgekeerde borde is van skottels gelig en ek is gevoer. Tannie Gee het gelag en ek het geëet.

As die mense sê jy is 'n dik seuntjie, moet jy nie vir jou steur nie, het sy gesê, Hulle weet niks, jou ouma het jou só lief!

Aan die een kant van die kombuis was vensters, hoë vensters wat uitgekyk het op 'n boomryke stuk grond, die agterplaas, sou 'n paleis vermom as 'n halfmoderne inrigting wel 'n agterplaas hê. Dit was groen en skilderagtig. Een of twee keer was daar vir 'n paar oomblikke tientalle mense onder die bome, tuinstoele met gestreepte sitplekke uit seil, jong meisies met linte in die hare, ouer vrouens met strooihoedens en lang rokke in ligpiek en lig-geel, mans met dun snorre en wit gekreukelde pakke, sambrele in hande, boeke in ander hande, kleinerige tafels met jellie-torings en ongesnyde koeke. Hierdie oomblikke was so volkome werklik, ek kon hulle hoor lag, maar te vinnig verby, ek sou graag Tannie Gee wou roep en uitvra.

Uiteindelik het ek – sonder nadenke of 'n definitiewe besluit – net stilgebly hieroor.

Daar was nog oomblikke. Eenkeer het Tannie Gee geboë by een van die lang tafels gestaan met 'n stapel vergeelde papiere, op soek na 'n beskuitresep wat sy my ouma belowe het, toe die kombuis se swaaideure (was dit voorheen swaaideure?) skielik oopspring en twee kelners met wit handskoene en swart uniforms, weelderig versier met rooi koord, die kombuis binnestorm en hulle silwer skinkborde op die staaltafels neergooi. Hulle is onmiddellik terug deur die swaaideure. Ek kon vir 'n paar sekondes sien dat die eetsaal in goud belig was, swaar trosse feetjieligte het uit die dak gehang. (Tot op daardie oomblik in my lewe het ek nog nie een keer die woord "kandelaar" gehoor nie.) Ek het reeds al lank genoeg musiekles ontvang om te weet dat dit 'n wals was wat gespeel is. Net voor die swaaideure toe is, het ek die romp van 'n ligblou hoepelrok sien swaai, 'n duisend valle van 'n duisend onderrokke het spierwit geflits. Toe was alles stil.

Hier's hy, het Tannie Gee gesê, Karringmelkbeskuit met suurlemoenskil.

'n Paar maande later, met my volgende kuier, was daar weer 'n oomblik. Hierdie keer het twee ander kelners die swaaideure oopgestamp. Hulle het skinkborde met halfvol glase neergesit, blitsvinnig 'n paar slukke geneem en teruggestorm. 'n Soldaat met 'n bors vol medaljes het 'n meisie van haar voete gelig en in die rondte geswaai. Die juwele in haar hare het geskitter in die lig van die kandelaar.

Ek het omgekyk. Tannie Gee en my ouma was besig om perskes te skil.

Dis darem lekker om te kook vir Kersfees! het Ouma gesê, Alles proe net beter!

Daar was wel 'n enkele keer dat die kombuis volkome bedrywig was. Dit was die laaste Sondag van 'n vakansie en die meisies sou die middag begin terugkeer vir die nuwe kwartaal. My ouers sou my ook die dag kom haal ná die soveelste vakansie by Ouma-hulle. Tannie Gee en haar helpers was besig om honderde wors-broodjies te maak.

Die meeste meisies kom van ver af, het Tannie Gee gesê, Hulle sal honger wees, dis nou nie 'n behoorlike bord kos nie, maar wie raak ongelukkig oor 'n rooiworsie?

Tussen die skinkborde gesmeerde broodjies het groot metaal-bakke met stringe rooiworsies gestaan. Hierdie worsies sou later geknip en in potte kokende water gegooi word voordat hulle saam met mosterd en tamatiesous in die broodjies toegevou word. Ek het bo-op 'n staaltafel gesit en 'n worsie verslind elke keer as ie-mand wegdraai. Die bars van die velletjie was mooier as enige musiek.

Tannie Gee het kliphard gelag.

Ons sien niks nie! Vat nog een!

Dit was hier, in Friedenheim, doodgewoon en ongewoon, af-skuwelik en fantasties, dat ek sou leer van klein en van groot, hier is soveel beelde van dit wat ek later sou leer vir die eerste keer aan my gewys, ek sou dit eers ná jare besef en onthou, maar die tema van my ganse lewe, die rede vir my ewige ongemak, is hier aan my gegee. 'n Portaal wat toegang gee tot Tannie Gee se klein woonstelletjie, 'n hele bestaan in drie vertrekkies, daagliks wagtend op die namiddagson en 'n slapie in 'n leunstoel, ook toegang tot 'n sluimerende eetsaal, soms grys en onverklaarbaar, soms goud, vol onsterflike dansers en 'n nimmereindigende wals, en ook toegang tot 'n koshuiskombuis, soms huislik en plesierig, soms in dodelike roetine, soms in diens van 'n koninklike bal.

Kleinheid of grootheid, klein leef of groots presteer, terugstaan of oorwin, aanvaarding of opstand, tevredenheid of teleurstelling, dankbaarheid of dors, vernedering of trots, vrede of opskudding, hierdie pole sou my skeur, middeldeur, vir dekades en dekades.

Ek was steeds op laerskool toe Ouma en Oupa aankondig dat hulle uit Samuel moet trek, Oupa is verplaas na 'n ander kampus. Dit was net voor Kersfees. Ek het nie geweet of dit ons laaste kuier hier sou wees nie. Ek het met die sementlyn gestap vir 'n mid-dag by Tannie Gee. Dit was stiller as ooit in die gebou. Ek is af met die gangetjie en het haar woonsteldeur oopgestoot. Sy het geslaap in die leunstoel. Ek is terug na die portaal. Onseker oor wat om te doen, het ek bly staan en kyk na die voordeur. Die son het deur die boonste glas op my geval. Ek het afgekyk na my twee vet, vormlose laerskoolbeentjies. En my twee pofferhandjies, die handjies wat 'n paar jaar later deur 'n hoërskoolonderwyser "deeg-kloue" genoem is en nog jare later deur 'n onbeminde joernalis as "ouma-hande" beskryf is. Daar was 'n geluid, 'n asem van onder die aarde, 'n duisend jaar oue geruis, regs van my het die trap met sy kleiskubbe begin beweeg, elegant en stadig het dit begin lig in die middel. Die trappies het verdwyn, soos 'n ondier wat sy rug kromtrek, sonder om los te breek aan die onderkant of 'n enkele teëltjie te verloor, het dit 'n volmaakte boog gevorm, gloeiend in die son, die vlerk van 'n reusedraak of 'n wese wat ek nooit sou kon beskryf nie. Toe was daar 'n sug, diep en byna onhoorbaar, die trap het teruggekeer na sy oorspronklike vorm, ek het bly staan met die son op my bene en hande, en ek het geweet iets onverklaarbaar, lewend en groot sou altyd by my bly.

Die Paleis Van Toekomstige Openbaringe het nooit weer aan my verskyn nie, ek het geen wete dat dit ooit weer iewers op aarde in enige gestalte aan 'n kind gewys is nie.

Ek is meer as veertig jaar later eers terug na Huis Samuel vir 'n televisie-onderhoud. Ek het ná die tyd besef ek het nie een keer in die rigting van Tannie Gee se koshuis gekyk nie. Die grasperk was weg en die streep ook. Ek het onder my familie rondgevra of hulle die naam van die gebou kon onthou, maar niemand kon nie, eers heelwat later het my een niggie dit onthou as Friedenheim. Ek het dit gaan soek op die internet, dis nêrens te vinde, nie eens op die kollege se webwerf of Google se satellietfoto's nie. Dalk kan ander dit vind, dalk is dit vandag nog vol meisies, vir my is dit weg.

Die swaar kasteel

Dis in die middel van die nag en ek is in die middel van Die Vyf Gate Met Aanhoudende Akkoord. Nog net 'n paar treë, dan kan ek die fiets teen die muur staanmaak. Ek hoor my ma se stem bo die akkoord.

Hier kom hy, sê sy.

Ek weet nie hoekom ek haar kan hoor nie, ek weet nie hoekom ek die akkoord kan hoor nie, ek slaap dan. Ek was nooit bang vir die donker nie, net vir slaap. Dit het so selde opgedaag, dit het 'n vreemdeling gebly. Lees, bid, sit af die lig, lê en lê en lê totdat jy alle stemme opgeroep het, alle stories herkou het, totdat die honger gekom en gegaan het, totdat die moegheid jou laat val in 'n stille put, net lank genoeg om môre te glo jy het geslaap. Die Werklike Slaap het twee keer, drie keer per week kom moeilikheid soek, jy het geveg en verloor, jy was bewegingloos vir 'n paar uur en dan het die akkoord kom roep.

Die Vyf Gate Met Aanhoudende Akkoord was bedags ons in-

gangsportaal. 'n Voordeur, my ouers se slaapkamerdeur, my slaap-
kamerdeur, die sitkamerdeur en die begin van 'n kort gangetjie
het saamgekom om 'n reghoek te vorm, die portaal. Die vloer
was stil en kliphard, anders as die res van die huis se luidrugtige
houtvloere. Teëls? Klip? Sement? Stokou ys? Die hardste hout op
aarde? Ek weet nie. Die voordeur was altyd toe, die ander deure
was oop, die gang gapend. Op gekose nagte het hierdie vyf gate
begin neurie, vyf windrigtings het hier ontmoet en 'n diep, sagte
akkoord is gevorm. Soos stemme van 'n koor met geen tekort aan
asem het hierdie akkoord my geroep, slapend het ek my kombers
gelig en uit my bed geklim.

Ek het my hand uitgesteek totdat ek die fiets kon voel. Hierdie
fiets het net in die donker bestaan, 'n silwer fiets, net-net sigbaar,
met 'n dun raam, geen pedale, geen fietsketting, die wiele het ge-
draai wanneer ek die handvatsels vashou en langsaan stap. Stadig
het ek uit my kamer na Die Vyf Gate Met Aanhoudende Akkoord
begin beweeg.

Die Swaar Kasteel het vanself verskyn. Van my middellyf tot net
bokant my kop, dit was die hoogte van die kasteel, maar snags
hoër, want dit het balanseer tussen die fiets se twee handvatsels,
wankelend soos 'n jellie-toring. En swaar, ek moes al my krag ge-
bruik om die fiets te laat beweeg. Daar was nie 'n ekstra hand om
die kasteel te stabiliseer nie, instinktief het ek geweet daar is net
een manier om my vrag te beskerm, kommer. Genoeg kommer
sou die kasteel regop hou.

Waar die opdrag vandaan gekom het, was onduidelik, maar nag
na nag moes ek Die Swaar Kasteel by sy bestemming kry. Waar dít
was, het ek nooit rêrig geweet nie, sodra ek die einde van die Vyf

Gate Met Aanhoudende Akkoord bereik het, het ek die fiets teen die muur gelos, ek moes my ouers gaan vertel.

Hunnunnkinnehunnelillewinnefunne, het ek gemompel.

Ek het my hande gevryf, aanhoudend en benoud. Ek moes my pa en ma probeer oortuig dat ek my taak uitgevoer het.

Kinnekinnehunnedinnewinnekinnekinne.

Die kommer wil nie weg nie. Ek vryf die hande. Vryf hulle, vryf hulle.

Help hom net terug, sê my ma, Moenie dat hy wakker word nie, dan huil hy weer.

My pa kom uit die kamer, hy sit sy hande op my skouers en draai my terug.

Dis okay, sê hy, Alles okay.

Ek slaap, maar ek hoor alles. Ek klim in my bed, my pa trek die kombers oor my. Ek hoop hulle is gelukkig, ek hoop almal is gelukkig, Die Swaar Kasteel is aan die oorkant, ek hoop Die Werklike Slaap is gelukkig, hy kan nou weer wegbly, hy maak my so moeg.

Ná só 'n nag kyk ek elke oggend weer na die vier deure, hulle hang in die kosyne soos alle deure, hulle verklik niks. Ek loop na die gang, so kort, net twee meter, draai dan regs, hier is nog vier meter, aan die linkerkant is deure na die toilet en badkamer, nou word die vloer sagte hout, hier is die eetkamer en dan die lelike kombuis. Die kombuis is donker, vertel ek myself, want dit is die lokomotief, hier word kole in die oond gegooi, eendag is eendag, dan het ons genoeg stoom om te vertrek.

Ek is nou volgens alle standaarde 'n vet seun en ons woon in Porterville, reg in die middel van die dorp in 'n straat parallel met die hoofstraat. Ons huis is 'n opgerolde trein. Gaan in, kyk regs, my kamer, middel, voorportaal, links, ouers se kamer, draai regs, toilet, badkamer, eetkamer, kombuis, draai regs, agterstoep, draai regs, in by nog 'n kamer, slaap my broer hier? Regs, sitkamer. Op-gekrul in 'n spiraal, ons trein, waar in die wêreld was nog so 'n huis?

Staan op die agterstoep: Nou kyk jy na 'n groterige grasperk, links is 'n welige boom, sou ek hom skets, was dit 'n avokadoboom vol lukwarte, regs is 'n massiewe vyeboom, agter hom, die motorhuis. Waar die grasperk eindig hou teerpale 'n donker houtheining regop. Agter die heining is nog erf, maar dis wild, daar is hope planke en hoë onkruid met stekelrige blare. 'n Paar tamatieplante rank teen 'n houtraam op, die begin van 'n groentetuin, maar my pa is besig, hy werk lang ure by die dorp se motorplek, hy help orals waar 'n sterk hand nodig is en sing in die kerkkoor. (Klip-hard! Ecrs twee jaar later is 'n nuwe orrelis dapper genoeg om hom te vra om die galery te verlaat. Van toe af sing hy nóg harder, onder tussen die gemeentelede. Op watter ouderdom mag 'n kind op sy eie gaan sit?)

My ma is ook besig, sy moet die trein herrangskik, 'n nuwe baba is op pad, die derde een.

Ek staan gereeld hier by die vyeboom. Dis plesierig, die reuk en smaak van 'n sonwarm vy. En die skadu onder die boom. Dis van my min plesiere, ek is ongelukkig hier, ek hoort nie in hierdie huis nie, ek is angstig en opstandig, ek voel daagliks meer ontuis en ek wys dit op elke moontlike manier, 'n "moeilike kind" was die stille konsensus van besoekers en kennisse. En my gesin moet leef en oorleef, hulle het nie die tyd of energie vir my groeiende ongeluk nie.

My maag begin pyn, maar ek eet my vyfde vy. Hier gaan ek baie trane huil, 'n oseaan van soutwater gaan uit my oë kom, wat anders kan ek doen? Eers wanneer hierdie dorp begin wegspoel in 'n vloed van kindersmart, eers dan verskyn daar straks 'n volgende soldaat.

Links, regs, oorkant

Sou jy op ons voorstoep staan en na die straat kyk, was daar 'n skakelhuis aan jou linkerkant. In die deel naaste aan ons moes iemand gewoon het, ek onthou die agterplaas en die lendelam deur na die toegeboude stoepie, maar daar is geen herinnering aan 'n gesig of 'n naam nie. In die volgende deel het 'n tannie met 'n kokketiel, twee uitgegroeide seuns en 'n vertoonkas vol doopkoeke gewoon. Ek het feitlik daagliks hier gekuier, daar was altyd 'n bord met winkelkoekies op die kombuistafel en die oudste seun het my gefassineer. Hy het in die voorste slaapkamer gewoon asof dit 'n huis op sy eie was. Die mure was tot teen die plafon bedek met rolprentplakkate, foto's uit tydskrifte – meestal van motors, perde en meisies in bikini's – en sy eie sketse. Hy het 'n leerbaadjie gedra en sy een skoen het 'n dikker sool as die ander gehad. Hy het selde die huis verlaat en het met 'n potlood of 'n bolpuntpen geteken op elke stuk papier wat hy in die hande kon kry, motors, perde en meisies in bikini's. Hy het sigarette gerook en was vriendelik, hy het ure met my gesels asof ons ewe oud was. Die ander seun was 'n skim, hy het verskyn en verdwyn, af en toe die kamerdeur oopgeruk op soek na 'n hemp of 'n trui, niemand raakgesien nie. Daar was ook 'n dogter, ouer as die broers, 'n maer vrou met pikswart hare, in een of ander verhaal was sy 'n tenger, bitter moeë Spaanse danser. Sy was getroud met 'n boer, 'n man met blonde krulhare, lapskoene en piepklein kortbroekies in ligpienk of liggeel. Dit het altyd gelyk asof sy wou slaap en hy op pad was see toe, maar hulle moes boer en het elke tweede dag sonder om te glimlag honderde hoendereiers op die dorp kom aflaai.

Langs die skakelhuis was 'n klein saaltjie met 'n mooi outydse voorkant, dit was die biblioteek. Dit was naas Ouma se huis op Wellington die beste plek in die heelal. Duisende boeke, elkeen netjies toegedraai in dik plastiek, het gewag. Daar was 'n afdeling vir kinders en een vir volwassenes. Ek het alles gelees, Verna Vels, Astrid Lindgren, Enid Blyton, Beatrix Potter en Lewis Carroll. In 'n era waartydens reëls, ongeag hoe simpel of onderdrukkend, histeries geïmplementeer is deur elke persoon met die kleinste druppeltjie gesag, was daar 'n vrou gestuur deur engele om hierdie biblioteek te bestuur. Sy het my toegelaat om te dwaal net waar ek wou, geen boek in die volwasse afdeling was buite perke nie, ek kon in hierdie lieflike tempel van papier lees soveel ek wou, ek kon huis toe dra soveel ek wou.

Langsaan was die kerk, die grootste en mees dramatiese baken in die dorp. Hier is ek bevestig as die dorp se musiekseun. Op 'n stadium het ek begin blokfluit speel, 'n geluid wat my tot op hede ontstig, maar dit was 'n nuwigheid, 'n systap in my soeke na musikale uitkoms. Alles behalwe die geluid het my opgewonde gemaak, twee blokfluite, splinternuut in hul tassies, een 'n sopraan uit blinkbruin hout, die ander 'n roomkleurige alt. Met elke spesiale geleentheid was ek langs die orrel op die galery, soms met die kerkkoor, soms met die skoolkoor, soms alleen. Ek was mal oor die opwinding van 'n oefening, al die mense, die vrolike chaos van 'n nuwe lied en die hoop dat my aaklige solo iewers in die lug sal verander in iets moois. Die vrees was nog min.

Sou jy op ons voorstoep staan en na die straat kyk, was daar 'n melkery aan jou regterkant, 'n klein wit geboutjie sonder koeie, maar met baie melk. Daar was rye emmers en primitiewe masjiene, 'n metaaltoonbank, 'n klein rakkie met plaasbrode en twee vriendelike ooms. Hulle het gesels asof daar nog nooit probleme op aarde was nie, voor jou oë is glasbottels gevul met skuimende melk en verseël met silwer foelieproppe. Ek was net een keer binne, die reuk was verskriklik. Daarna het my ma my elke tweede dag gestuur, ek het op die wit geboutjie se stoep gaan staan, een oom het sy oë gerol, die ander het gelag en vir my 'n bottel en 'n brood gebring.

Op die volgende hoek was 'n parkie met 'n metaalraam sonder swaaie, 'n rondomtalie en bruin gras so ongesond soos die rug van 'n brandsiek hondjie. Af en toe was daar 'n uitdrukkinglose oppasser met 'n uitdrukkinglose kindjie, om en om op die rondomtalie totdat hy gaan staan, geen poging vir 'n volgende rondte, dan hul verdwyning en vir dae was die parkie leeg.

Skuins oorkant die parkie was die fliek, 'n verwaarloosde wit gebou uit 'n klassieke riller. Hierdie rolprentteater het behoort aan 'n uitlander in Piketberg en elke Vrydagaand het die gehawende oase 'n vertoning aangebied. Westerns, musicals en Afrikaanse tranetrekkers was die drie kategorieë. Ons het nie eens die moeite gedoen om uit te vind wat gewys word nie, ons het net opgedaag, meestal die dorp se kinders, min grootmense kon die verval trotseer. Sitplekke was lendelam, oorgetrek in geskeurde rooi fluweel waardeur bolle stoffasie gepeul het. Daar is gestorm vir 'n sitplek so ver agter as moontlik, 'n groot gat in die muur onder die skerm het 'n ysige wind deurgelaat en dié in die voorste rye het feitlik verkluim. Bo was 'n groot galery en hier het die bruin mense gesit. Hulle het saamgepraat, kommentaar geskree, gesing en luidkeels geprotesteer wanneer die verhaal nie volgens wense verloop het nie. Af en toe het 'n preutse Sjuut! uit die onderste stoeltes verrys, dan het dit rommel gereën van bo af, koeldrankblikke, bierblikke en bondels lekkergoedpapier het op ons neergestort. 'n Volskaalse oorlog het uitgebreek elke keer wanneer die rolprent onverwags tot 'n einde gekom het omdat die uitlander weereens vergeet het om al die rolle film te stuur. Die paar gereelde moeilikheidmakers het sitplekke losgeruk, ligte uitgeslaan en traprelings gebruik om die laaste ruite by te kom. Ten spyte van alle geweld het ons opgedaag elke keer as die fliek sy voos deure oopgeslaan het, ons was hier vir die donker. Sodra die kort nuusfilm begin het, het die ligte verdoof en dan het ons gegryp. Ons het hande vasgehou met wie ook al langs ons tot sit gekom het. Ek het gesorg dat ek altyd langs my beste maatjie, 'n pragtige plaasseun, beland. Aan my ander kant was 'n meisietjie, my kys vir die aand. Ons het vrotvroeg begin kys, elke Vrydag teen pouse is daar uitgevind wie wel gaan fliek en dan is daar wild gekys. Dié kys was verby so vinnig soos die aand se rolprent, maar my maatjie se hand het ek die hele week onthou.

Skuins oorkant die fliek was 'n dwarsstraat, hier het jy verby twee huise aan jou linkerkant geloop en dan was daar 'n skielike ruigte aan weerskante van die pad. Regs was die dorpstuin, 'n ruim vierkant met struike, vrugtebome, roosbome en metaalboë vol rankplante wat gegrens het aan die brandsiek parkie. Links was 'n imposante huis in 'n welige tuin. Een namiddag per week het ek angstig die hekkie oopgestoot op pad na my klavierles. Hier is ek geleer om nie Tannie of Juffrou te sê nie, maar Mevrou. My musiekonderwyseres was 'n ouerige dame uit 'n gesiene familie, haar seun het presteer met rugby of vliegtuie. Die voordeur het jou teësinnig ingesluk en dan uitgespoeg in 'n sitkamer met 'n bruin vleuelklavier en mure vol vaal Pierneefskilderye. Hier het Mevrou my liefde vir musiek bladsy vir bladsy vermoor. My stukke was eenvoudig, enkelnootmelodieë met arpeggio-begeleidings, maar niks was reg nie, te vinnig, te stadig, te morsig, te eentonig, te hard, te sag. Kind, het jy geoefen?! Bo-op die klavier, links van die bladmusiek was 'n porseleinbakkie met suiglekkers, hierdie lekkers was daar as beloning vir prestasie, maar in die maande, jare of eeue wat ek daar was, is geen suigding aangebied nie, nie aan my of enige ander leerling nie, die lekkers het bly lê soos klippies op 'n onbesoekte graf. Ek het fantaseer oor hoe ek in die nag kom inbreek, elke afskuwelike skildery helder inkleur met die bontste kryte wat bestaan en dan die porseleinbak leegvreet. Soos met alle plekke wat jou verniel, onthou ek elke detail van daardie huis, elke Persiese mat, elke kristalvaas, die knorrende brak, die verniste kosyne, die lae plafon, die morsdood akoestiek. Ek het aan die einde van elke les gevlug na 'n plek sonder agenda.

Sou jy op ons voorstoep staan en na die straat kyk, het jy ook gekyk na die ouetehuis, 'n breë, plat gebou, soms dofgeel, soms dofblou, omsirkel deur 'n yl tuintjie. Die voordeur was op die hoek van die gebou en met die intrap het die gebou homself verdeel in twee gange, een strek voor jou uit, een loop dadelik na regs. Die mure was bedek in dik vla-kleurige emaljeverf, die vloere in vla-kleurige hospitaalplastiek, twee houtrelings het die volle lengtes van albei gange gestrek, hieraan is vasgehou, seer spiere versigtig gerek, 'n ry ballerinas in 'n stadige *Swanemeer*.

Die gang voor jou het gelei na die matrone se kantoor, die sit-kamer, eetkamer, sonkamer en kombuis. Ek het deur hierdie ruimtes gedwaal, bang vir die andersheid van ouderdom, verlig weens die gebrek aan oordeel of verwagting, hier het hulle vir my geglimlag of is ek geïgnoreer, niemand het 'n wenkbrou gelig met 'n vraag nie, niemand het 'n stem gelig met 'n opdrag nie, niemand het 'n hand gelig met 'n betoog nie, ek was soos 'n rondloperkat, sommige was bly om my te sien, ander het nie omgegee nie.

Wil jy sap hê? het 'n verpleegster gevra.

Nee dankie, het ek gesê.

Ek het geweet dit sou wees in 'n glas met 'n oranje patroon en té veel krapmerke.

'n Koekie? het die kok gevra.

Nee dankie, het ek gesê.

Maar ek kan sien jy hou van koekies, kyk daai wange! het die kok gelag.

Natuurlik hou ek van koekies, het ek gedink, Ek kan twintig eet. Ek kan myself naar eet en weer reg. Maar hier kry jy 'n koekie op 'n plastiekbordjie, siekrooi met té veel krapmerke.

Die mense wat my kon meevoer, dié wat opgewondenheid son-der inspanning kon oproep, hulle was almal oud, ouer as groot-mense, ouer as Mevrou, hulle was oumense, vol onthullings, daarná steeds vol geheime. Hulle was beweeglik en tydloos en begeesterd soos Ouma. In die gebou oorkant ons huis was hulle stadig en breekbaar, soms nors en kortaf, heeltyd aan die speel met my gedagtes, onwillig om my te laat ontspan. Ek was jaloers op hul rustigheid, hul toe oë in die namiddagson, die maer beentjies onder gehekelde komberse, terselfdertyd was ek bang vir hul hande, die krom vingers en die blou are, ook die reuk van die gang wat lei na die kamers en die siekeboeg. Wanneer ek nie daar was nie, het ek verlang na die dinge wat hulle geweet het en af en toe bereid was om te deel, die skielike ontploffings van energie en die skreeusnaakse oomblikke van lafheid, ook die vryheid van mense wat feitlik niks meer vrees nie. Wanneer ek wel daar was, het ek gegril vir die krummels op 'n skoot of die druppel op 'n ken, ongemaklik in die teenwoordigheid van agteruitgang.

Maar ek kon nie wegbly nie. In my familie was daar die stille geloof dat jy jou oues moes eer en dié wat struikel, ophelp. Jy gaan ander nodig hê in jóú dae van wankel, sal die magtiges wat hulle moet stuur dan weet van jou werke? Oorvereenvoudig, eng, selfs neuroties om met so 'n oortuiging rond te loop, sê wat jy wil, ek het gaan kuier en gaan steeds. Oorkant die pad, tussen die wyses, hoe spraaksaam of hoe stil ook al, broei daar 'n krag waarmee ek myself moet voed, daarsonder is al die duiweltjies, stoeiery, wellus, bloed, sweet, spoeg, profete, geraamtes en twyfel net te veel.

Susie & Kit

Ma, hoe lank woon Ant Susie en Ant Kit al hier?

Baie langer as wat ons op die aarde is, hoekom vra jy nou dit?

Ek vra maar net.

Net 'n entjie van ons huis, in dieselfde dwarsstraat as die melke-
ry, het twee tantes gewoon, daar was geen ander woord nie, hulle
was tantes, Ant Susie, lank en maer, en Ant Kit, kort en geset.
Hulle huisie was klein en teen die straat, daar was 'n voortuintjie
so breed soos 'n kwashaal, vol fyngras en tierlantyntjieblomme,
die amper-deurskynende miniatuurblommetjies wat deur geen
mens geplant kan word nie, maar self opskiet – elkeen in 'n ander
kleur – in die nabyheid van 'n absoluut unieke teenwoordig-
heid of skuiling. Nêrens anders kon jy so lekker kuier soos hier
nie, hier is jy gekoester en gevoer, hier is jy nooit gesteur nie, die
meerderheid dorpsmense het nooit eens hierdie huisie opgemerk
nie, dit was net vir sekeres beskore.

Op 'n dag, terwyl die twee tantes voor 'n venster gestaan en praat het, hulle lywe afgeëts teen die skerp oggendlig, het ek met 'n effense skok besef dat hulle dieselfde figure as die Stoepsusters gehad het. Niemand weet of hierdie twee wel susters was nie, maar sou Bora en Becca hul name verander en my hierheen gevolg het? Was die skuldgevoel so sterk dat hulle hier ook al die lekkergoed moes kom voorsit? Moes hulle my nie eerder help ontsnap het uit hierdie bol kindervet nie?

My ma se antwoord het my laat ontspan, ek kon net kuier. En ek het. Soveel as moontlik.

Stel jou voor 'n pophuis begin groei, muurpapier bars oop, verf dop plek-plek af, hier en daar val 'n teekoppie of 'n melkbeker van 'n tafel en verloor 'n oor, uiteindelik is dit groot genoeg dat jy kan binnestap. Twee karakters verlaat 'n baie ou verhaal en verskyn deur die agterdeur, hulle is nou jou gasvrouens, hier vir geen ander rede as om jou te laat tuis voel. Dís hoe dit was by Ant Susie en Ant Kit, vir die res van my lewe die soort herinnering waarna ek dikwels wil terugkeer, 'n heerlike val op 'n sagte matras.

Alles binne die huisie was ietwat afgeleef, elke kas effe skeef, elke tafel leunend na een kant, elke deur 'n bietjie té los binne sy kosyn, matte se patrone aan die verdwyn, voorskote verskeie kere gelap, tuinstewels lankal deurgetrap, die geborduurde tjalies voor die vensters elkeen met 'n paar verlore garingdrade, portrette lankal sonder glas. Twee klein slaapkamers aan weerskante van die voordeur, geen elektrisiteit hier, krom kerse in koperblakers, kort gang vol varings, oorvol sitkamer, kombuis, spens, agterstoep. Geen badkamer, net 'n kraan en twee waskomme in 'n klein vertrekkie agter die spens, geen toilet, 'n klippaadjie lei na 'n houthuisie in die middel van 'n bedding laventel. Alles saam het 'n prentjie gevorm wat my asem herhaaldelik weggeslaan het, só mooi dat ek dit amper nie wou glo nie, geen stileerder op 'n film-stel sou dit ooit kon skep nie, so iets is die resultaat van 'n lang lewe en die perfekte balans tussen werklike armoede en weelde.

Weelde was daar wel. In die middel van die kombuis was daar 'n klein vierkantige houttafel met twee stoele. Nog stoele is vanaf die agterstoep ingedra vir gaste. Die tafel was altyd gedek, twee borde, twee vurke, twee servette, twee bakkies, twee lepels, 'n vla-beker bedek met 'n doilie vol rooi glaskrale. Bo-oor alles het 'n dun net met geborduurde blomme gerus. In hierdie huis is daar twee keer per dag poeding voorgesit, behalwe vir ontbyt was geen maaltyd verby voor 'n nagereg nie verskyn het nie. Soms 'n skeppie asynpoeding, soms 'n lepel sago, soms 'n vars appelkoos, soms 'n ingelegde perske, altyd met 'n kombersie vla. Vrugtekoek, gemmerbrood, piesangbrood, rosyntjiebrood, druiwetert, appel-liefietert, melktert, gestoofde kwepers, gebakte appels, vars vye, ingelegde lemoene, uit die spens, uit die piepklein koelkas, van agter 'n gordyntjie, vanuit 'n beskilderde blik, vanuit 'n glasfles, vanuit die klein prieel, vanuit 'n vrugteboom, van langs die voël-verskrikker, van orals het soetgoed verskyn en is in piepklein porsies voorgesit. (Proe net, sodra die dankbaarheid kom, is jy klaar!)

Geen gespierde lyfkneg, geen marmertrap, geen goue tossel, geen vreemde hand met 'n lekkerruik-olie, geen blink motor-kar, geen swaar diamant, geen sluk bekroonde wyn, geen opstyg in 'n privaat vliegtuig, niks kan die weelde voortbring wat ek in hierdie huisie ervaar het nie. Selfs sonder poeding, in die sit-kamer met 'n koppie tee en 'n droë beskuitjie, tussen dekades se versamelstukke, afkop-prinsesse uit porselein, waaiers uit kant en papier, 'n antieke sambreel uit China en 'n fraaiinglampkap bo-op twee gekerfde houtslange, het die tantes verhale vertel en beelde opgeroep dat ek nie kon dink ons sit op 'n dorp gevul met gewoonheid soos 'n poskantoor, 'n haarsalon of 'n polisiestasie nie. In skaars oomblikke van stilte het hul ingeleefde skoene (Ant Susie s'n gevorm uit lappies dun leer of oorgetrek in materiaal uit 'n verre land, Ant Kit s'n bedek met kralewerk of beskilder met die hand) of hul juwele ('n groot gesig wat slaap aan 'n lint om een se nek of 'n ry silwer dogtertjies wat dans om 'n arm) 'n volgende verhaal vertel, ek kon nie glo dat ek ooit weer in 'n gewone straat moes loop of 'n kortbroek dra of 'n maaltyd beleef wat klaarmaak sonder poeding nie.

Uitputtende detail, daaglikse rituele, só word die guns van konings gewen. Ek sleep hierdie weelde uit 'n plek waarvan min ooit geweet het, 'n klein, klein huisie op 'n lang, smal erf in die middel van Porterville.

Terug na Malmesbury

Ons het 'n nuwe boetie, sy naam is Erik en hy is vroliker as 'n kabouter. Hy bal sy vuisies en skop en lag asof hy reeds alle grappe verstaan. Pa en Ma is gedaan, hulle derde seun gaan hulle nooit weer laat slaap nie, hy hou partytjie en beplan avonture.

Skielik is Erik siek, een of ander kinderding, so verstaan ek. Hy mag nie by die huis bly nie, die siekte is te aansteeklik, hy is onder kwarantyn in Malmesbury se hospitaal. Ons is verslae, die huis voel verlate, die kombuis is donkerder as ooit, snags stoot ek die kasteel op die fiets, my arms pyn, my vrag word swaarder en swaarder.

Elke middag kom Pa vroeg van die werk af, ons klim in die stasie-wa en ry Malmesbury toe. Nie vir hamburgers of jazz nie, vir 'n uur mag Pa en Ma by Erik wees, ek en Ian sit in die gang, af en toe kyk ons deur die glas, Ma hou vir Erik op haar skoot, hy lag oopmond met elke verpleegster wat verbystap, hy het vrede met sy siekte.

Ná die tyd ry ons huis toe in stilte, die stasiewa is warm binne en dit voel soos ure. Pa sit die radio aan, selfs die nuus is beter as ons gedagtes. Net ná die nuus sing Gé Korsten sy nuutste treffer, "Liefling". Ma steek haar hand uit na die radio, ons weet sy gaan 'n ander stasie soek, maar sy draai dit harder.

Jy weet dat ek nie sonder jou kan bestaan nie, sing Gé.

Ma huil met haar gesig in haar hande.

My kind, snik sy.

Ons is nie 'n liefie-liefie-gesin nie, met die uitsondering van Ma hou niemand van drukkies en soentjies nie. (Saans tydens die tafelgebed druk Ma ons vinnig, ons kan nie ontsnap of ons oë oopmaak nie, dis sonde.) Groep-emosies is verbode, dis te aaklig vir woorde, as een huil of sentimenteel raak, verdwyn die res on-middellik, dis so grillerig, ons verkies woede of irritasie, dis in ons bloed.

Maar nou is ons vasgevang in Ma se trane, die warm stasiewa en Gé se hartstog. Ons wil ons boetie hê. Pa byt sy lip. Ek maak geen geluid nie, ek kyk reg voor my en voel die trane loop tot in my nek. Ian sit kiertsregop langs my, hy kyk na Ma, leun skuins en kyk na Pa, draai sy kop en kyk na my. Sy onderlip begin bewe, hy word rooi in die gesig en laat sak sy kop. Stadig lig hy weer sy kop en maak sy mond oop. 'n Kreun verlaat sy keel, toe 'n onaardse, bloedstollende gil, 'n oerkreet tydens 'n offerande. Hy huil met sy hele lyf, kliphard en sonder terughou, dis soos 'n brand deur 'n stormwind gejaag, om en om binne die stasiewa. Ons is magte-loos, al vier huil met soveel volume as moontlik. Verby landerye vol graan, verby die twee rye bome, in by die dorp, in by die hek tot in die motorhuis. Daar is geen aandete, ons borsel nie tande nie, ons sê nie nag nie, ons klim in ons beddens, ons is doodmoeg.

Uit by die dorp

: Aangename kennis. Verbeel ek my of ken ons mekaar? Jou gesig lyk bekend.

: Aangename kennis. Nee, ek dink nie ons het al ontmoet nie.

: Dalk die kongres verlede jaar? Of die uitstalling? Met al die plaas-implemente?

: Beslis nie, ek werk met leer.

: Leer?

: Ja, my plek maak enige ding uit leer. Ons is veral bekend vir die stroke waarmee jy kinders pak gee.

: Stroke?

: Ja, dis 'n lekker breë strook leer met 'n handvatsel. Baie gemaklik. Party mense verkies 'n lyfband of 'n swepie, maar daai goed gee letsels wat bly sit en dan kan die kinders vir lank nie sportklere dra of swem nie, dit lyk te sleg.

: Interessant.

: Ja, met ons goed kan jy 'n kind behoorlik foeter sonder dat dit te erg merke maak. En jy hang daai ding net agter 'n deur of gooi hom in 'n laai, jy kan 'n paar in die huis hou.

: Verkoop dit goed?

: Ons kan nie voorbly nie. Hier is my kaartjie. Kom loer eendag in, bring sommer die stout kind saam, jy kan 'n paar houe probeer en kyk watter een werk die beste.

Kon so 'n gesprek in my leeftyd moontlik gewees het? Kon sulke woorde ooit gewissel word sonder dat blomsoorte siektes kry of klein diertjies begin uitsterf? Is dit hoe die son van sy lig verloor? Ek vermoed so. Daar was so 'n ding in ons huis. 'n Siekbruin stuk leer met 'n handvatsel van dikker leer. Dit was Die Plak genoem en is in die kombuis gebêre.

Ek was nooit 'n stout kind nie. Ek was wel onverwags. Vir 'n dood-gewone familie wat net wou streef na geluk, wette gehoorsaam, glo wat hulle vertel word, inpas en saamkuier, was ek onbegryplik, beslis onverdiend. Ten spyte van my vrees, my honger en my gril, het ek onophoudelik gepraat, grense getoets, uitsprake gelewer, reëls bevraagteken, gewoontes gekritiseer. Ek kon my ma tot op breekpunt neem. Sonder dat ek wou, kon ek my pa irriteer en tart tot op verre vlaktes.

Ian het nou in die kamer langs Die Vyf Gate Met Aanhouden-de Akkoord gewoon, Erik was in sy tralie-bedjie in Pa en Ma se kamer. Ek het getrek na die kamer langs die sitkamer. Dit was 'n groot vertrek met 'n deur na die stoep en meer lig as die res van die huis. Hier was ek veronderstel om gelukkiger te wees en ontslae te raak van Die Swaar Kasteel. Maar elke dag het meer gewig op my skouers kom lê, ek was kromgedruk deur my gevegte met my ma. Ek wou nie meer klavierles neem nie, die statige dame met haar suiglekkers en vleuelklavier het 'n donker kleed oor my hart gegooi, ek het elke musieknoot verpes, ek wou nie my boeke oopmaak nie, ek het nie meer netjiese wolke en kleurvolle blomme om die titels van die musiekstukke geteken nie, ek het geweier om die eentonige deuntjies te oefen. My ma het my forseer om voor die klavier te sit. Ek het nie 'n hand opgetel nie. Ek het geluidloos bly sit totdat my maag en my kop gepyn het.

Weet jy wat het hierdie klavier gekos? Weet jy hoeveel betaal ons vir 'n musiekles? Weet jy hoe hard werk jou pa? So het my ma bly vra.

Verkoop dit, het ek geantwoord, Ek wil dit nie hê nie.

Dis al wat jy wil hê! het my ma geantwoord.

Dit was só. Dit was al waaraan ek gedink het, musiek en kos Musiek soos op die Engelse radio of wanneer besoekers kom konsert hou, musiek soos in my kop, grootse akkoorde wat weer-galm, nie die kinderagtige getokkel waarmee die kwaai ou vrou my wou doodmaak nie. Ek het gif gespoeg, ek het teëgepraat en dinge gesê wat 'n kind in 'n konserwatiewe huishouding tydens 'n land se donkerste jare nooit moes sê nie. Saans het my ma verslag gelewer, my pa het gesê ek moet in die kamer gaan wag, dan het hy Die Plak gaan haal.

Dit was nie seer nie, ek het nooit enige pyn gevoel nie. Dit was die fisieke posisie, die afbuig van die lyf, die nek wat vasgehou is, die vreemde kyk na voete op 'n bruin kamermat, die verwronge dans van twee wesens, een weens sy ouderdom en grootte 'n slagoffer, die ander ten spyte van sy ouderdom en grootte 'n slagoffer, dit was verkeerd, verkeerd.

Ek wil dit nie doen nie, het my pa gesê.

Dan het die geluid gevolg, die houe wat val, net 'n paar, maar onmiskenbaar die klank van barbarisme, die chaotiese geluid van generasies se onnoselheid.

Is jy ooit geslaan? En jy? Jy ook? So het ek onlangs aan almal van my ouderdom gevra, almal wat ek in die hande kon kry. Geslaan, gefoeter, gemoer, gebliksem, pak gegee, geneuk, gelooi, elkeen het 'n ander term gebruik, elkeen het dit beaam.

Hoekom praat niemand dan daaroor nie? het ek gevra, Almal is in terapie of ontkenning of op pille of gesuip of gerook of bitter of ook gewelddadig! Niemand het dit nog ooit genoem nie!

Hoekom moet ons dit nou oproep? Dit was die gewoonte daai tyd, het een gesê, Dit was normaal.

Normaal? Dit was nog nooit. Die vernedering was verbysterend, die skade was groot en permanent.

Pa is hier! het Ian saans geskree en na buite gehardloop.

Ek het in my kamer bly sit. Ek het nog nie die woord geken nie, maar my aanvaller was terug by die huis. Die een wat my moes laat veilig voel, het my met vrees gevul. Aan tafel was ek stil.

Voel jy sleg? het my ma gevra.

Sy was my verklikker, daardie woord het ek wel geken.

Ek wil dit nie doen nie. Ek wil dit nie doen nie. Hoeveel keer het hy dit gesê? Ek het dit gehoor, maar ek het geweet hier kom dit, hier draai my wêreld weer, hier kom die mat en die voete.

Een aand was dit weer so. Eerste hou, tweede hou. Ek onthou ek het 'n soldaat, 'n prins, 'n trap wat kan lig, ek draai my kop en byt my pa se bobeen. Dis 'n diep byt, 'n wolf sak sy tande in sagte vleis.

Los! skree my pa.

Ek hou.

Los!

Ek hou. Daar is bloed.

Hy gooi Die Plak neer en laat los my nek. Hy storm by die kamer uit. Vir dae is daar 'n stilte in die huis. Dis 'n nuwe atmosfeer. 'n Stille, swaar wolk wat kom hang, vol blitse en donder, dreigend, maar sonder geluid. Dit sou later 'n baie bekende wolk word.

Later keer die huishouding terug na dit wat ons ken. Ma maak skoon, Ian speel by die skool, speel by die huis, word een keer per dag woedend, die tannie van die skakelhuis bring droë koekies, ek dwaal deur die ouetehuis, oefen teësinnig my simpel klavierstukke, Erik kraai van plesier tussen sy speelgoed, Pa gaan werk met 'n pleister op sy bobeen.

Dit was 'n maand of twee later, ek het weer iets kwytgeraak of Ma se kookkuns gekritiseer, ek weet nie, dit was vroegaand en ek was besig om tande te borsel. In die eetkamer was Ian baie ongelukkig oor iets, hy het gegrom soos 'n beer en sy vuiste gebal totdat sy vissmeerbroodjie tussen sy vingers begin uitpeul het. Erik het langs die tafel op sy kombersie gesit, besig om met bomenslike volume in babataal te sing terwyl hy met 'n plastiekhamer 'n leë koekblik bydam. Pa het by die agterdeur ingekom en Ma het begin om driftig my onvergeeflike oortreding aan hom te beskryf. Sy eindig uiteindelik met die woorde, As jy dit nie nóú doen nie, doen ek dit self.

Waar is daai plak? sê Pa.

Met my mond vol wit skuim en die tandeborsel in my hand is ek uit by die voordeur, uit by die hekkie, af met die pad, om die kerk, regs by die skaatsbaan, op in die hoofstraat, op met die bult, uit by die dorp. Ek is nie uitasem nie, ek word nie moeg nie, daar is nie 'n brand in my sy soos by 'n skoolresies nie. My mond voel soos poeier van die tandepasta wat begin droog word het. Maar my gedagtes is glashelder en agtermekaar. Niemand slaan weer aan my nie, ek is spesiaal – beslis ongelooflik spesiaal – ek hardloop nie nou weg vir 'n pak slae nie, ek vertrek nou, ek word hopelik gevind deur my soldaat of gered deur mense wat verstaan dat ek op 'n besonderse plek moet beland, 'n plek waar angs nie leef nie, waar dom reëls verbode is, waar talentvolle kinders (die orreljuffrou het óór en óór gesê ek is talentvol, is julle doof?) nie aangerand word nie. Daar gaan ek nuwe musiek maak, *my* komposisies. Of ek vrek vannag in die veld, verskeur deur diere, dit sal in die koerante gewys word, vir jare sal mense treur en dan sal die wette verander.

My pa moes na die motorplek gehardloop het, ons het nie 'n bakkie nie. Net anderkant die laning bome (wéér 'n laning! wéér 'n gehardloop, kry dit nie einde nie?) verskyn hy langs my.

Klim in, sê hy.

Hy lyk soos iemand anders, moeg en verslae, sy oë is rooi.

Ek hardloop van die pad af. My pa maak 'n wye draai tot in die veld. Hy hou voor my stil en laat sak sy kop tot op die stuurwiel. Ek staan stil, skielik uitasem, ek loop hygend om die bakkie en maak die ander deur oop. Ons ry huis toe sonder 'n woord. In my kamer trek ek my pajamas aan, die swaar wolk hang die hele plek vol.

Watte

Ek wil piepie, sê die sonneblom langs my.

Jy mag nie piepie nie, ook nie eet nie, sê die tulp aan my ander kant, Jou blare is te breed vir die deur.

My knieë jeuk, sê die boom agter my, Wie gaan dit krap? Mamma! My knieë!

Jou ma is al op haar sitplek, moet asseblief nie skree nie, sê die juffrou wat net lang rompe dra, Christina, kom krap vir Jacques, maar versigtig, jy gaan jou kolle afstamp.

Christina ignoreer die opdrag en kom staan voor my. Sy is 'n rooi sampioen met groot wit kolle.

Ek hou niks hiervan nie, sê sy, Ek loop in alles vas. Ek wil die prinses wees.

Ek wil ook die prinses wees, sê ek.

Siesag, jy mag nie dit sê nie! Seuntjies mag nie dogtertjies wees nie! Dis die duiwel se gedagtes! sê Christina.

Dis 'n konsert, sê ek, Mens mag wees wat jy wil. En ek wil nie 'n dogtertjie wees nie, ek wil net iets moois sing, die prinses het al die beste liedjies.

Jy hoef nie te sing nie, sê Christina, Jy kan klavier en blokfluit speel. En my ma sê jou stem is snaaks, jy praat nie reg nie, jy klink soos wanneer die wind deur ons los venster waai, fluit-fluit pleks van praat-praat.

Ek is die koning! sê ek, Jy het nie eens één liedjie nie!

Ek draai om, ek wil op 'n ander plek gaan staan, maar daar is so-veel kinders, hulle is blomme, bossies, kabouters, katte, ballerinas, 'n son, 'n maan, bliksoldate, 'n koei met 'n groot skeur oor die rug, rotse en graspolle. Daar is kinders in die kleedkamers aan weerskante van die verhoog, kinders in die gangetjies, kinders in die sysaal, dis 'n maalkolk van karton, kreukelpapier, linte, satyn, blinkers, lapskoene met omkrulpunte, punthocde uit velt, hoof-tooisels uit blare, lang baarde uit watte, hoë pruike uit watte, lip-stiffie-sproele, papierwimpers en raffia-vlegsels. Die dokter se seun is in 'n mantel met stene. Ek verkyk my. Die bleek vrou (sy woon sonder 'n man in die dorp se heel grootste huis en rook in haar baie lang motorkar) se bleek dogter is in 'n lang goue rok met 'n sleep vol goue tosseltjies. My mond hang oop.

Ek kyk af. Ek is in my kamerjas met die grys en rooi strepe. Ma het watte om die moue, om die kraag en om die onderkant vas-gewerk. Op my kop is 'n kroon uit rooi karton. Ma het silwer sterre om die rand geplak, voor is 'n ry sterre wat loop van onder tot bo by die hoogste punt. Ek moes vir ure stilstaan terwyl Ma 'n baard en 'n snor uit watte vorm en op my gesig probeer vasplak. Ek het nie omgegee nie, ons het vir maande geoefen aan hierdie operette en die dag van die opvoering was uiteindelik hier. Ek het gebewe wanneer ek dink aan my opstap. Kan iets beters met 'n mens gebeur? Die baard wou nie bly sit nie, radeloos het Ma uiteindelik die gom van my ken gewas, 'n swart pen gegryp en 'n snor geteken. Sy moes dit drie keer teken, ek het gesweet soos net 'n vet kind kan. Ek het nie gekla of aan iets getorring nie, ek was op 'n wolk. (Dié wolk was ook uit watte soos die drie wat reeds op die verhoog gehang het.) Dit was die gelukkigste oomblikke wat ek nog ooit beleef het, dit was asof vriendelike elektrisiteit my met klein skokkies bly kielie het. Ek het met my plastiekswaard op die stoep gestaan en wag, uiteindelik was die hele gesin gereed en ons het kerksaal toe gestap, Ian met 'n boek onder sy arm, Erik op Pa se arm – babas was welkom by skool-operettes.

Die operette se naam was *Prinses Roselyn*. Ek het nooit vir 'n enkele oomblik geweet waaroor dit gaan nie, om sestig kinders te oortuig hulle woon in 'n woud en moet mooi genoeg sing en dans, om boonop sommiges te oortuig hulle was bome en blomme en mag geen beweging uitvoer behalwe wieg nie, om 'n verhoogstel uit karton en poeierverf te skep sonder dat alles knak of afdop, om waansin só te orden dat 'n hele plattelandse gemeenskap vir 'n volle uur bly sit, om dit alles te doen sonder moord was 'n gek, onbegonne affêre. Maar dit is gedoen en nou het almal gewag dat die koster die ligte afskakel en Corlea se orige ma die gordyn oopdraai.

Ek was Koning Rosekrans, 'n karakter wat ek vertolk het met

minder manlikheid of gesag as 'n halwe toffie-appel (*almal* weet tog ek sou die wêreld se beste prinses wees, maar probeer dit nou verduidelik aan 'n ongeduldige, moeë juffrou wat net lang rompe dra en elke dag uit Clanwilliam moet ry want haar man weier om te trek al kan 'n mens medies ongeskik wees op enige dorp), ek het geweet dis 'n hopelose poging, in 'n skoolkonsert het geen kind 'n keuse nie, maar op hierdie aand, tussen al die tuisgemaakte kostuums en goedkoop dekor, het ek nie omgegee nie, ek was tien, daar was 'n kroon op my kop, ek was omhul van watte, ek gaan in die middel van 'n verhoog staan en sing en 'n saal vol mense sal moet kyk tot ek klaar is.

Daar was 'n oomblik van stilte net voor my liedjie moes begin. Daar was 'n gekug en 'n gesnuif en 'n gesnork en 'n laggie. Toe het ek gesing. Iewers in die verhaal moes iemand verdwyn het, ek sal die woorde van die liedjie nooit vergeet nie: "Ons soek en ons soek, maar ons vind hom nog nie . . ." (Vir byna vyftig jaar maal hierdie deuntjie al in my geheue, 'n gepaste temalied in verskeie situasies.)

Daar was geen applous, die liedjie moes onderbreek word, 'n paleiswag of 'n kabouter moes gil dat iemand op pad is, almal moes vol afwagting staar na 'n denkbeeldige pad iewers aan die regterkant van die verhoog, die storie moes sy loop neem. Ek kon nie glo dit was verby nie. Watse lewe wag daar sonder gom en verf en blinkers en karton? Hoe vind jy ooit weer blydskap sonder 'n waggelende sampioen of 'n strompelende boom? Ons het huis toe geloop, Erik het geslaap met sy kop op Pa se skouer.

Jou snor sit nog, het Ma gesê.

Ek weet nie hoekom reël hulle hierdie goed op 'n weeksaand nie, het Pa gesê.

Later, almal het reeds geslaap, het ek uit my bed geklim en die kamerjas aangetrek. Ek het voor die spieël gaan staan en lank gestaar. In die donker het die watte soos pels gelyk, ek was ryk en van 'n verre land. Die volgende aand het ek weer die kamerjas aangetrek, die kroon opgesit en self 'n snor geteken. Ek het vir Pa gevra om 'n foto te neem, ek het nou nog die foto, ek staan langs my bed, my swaard voor my, ek het braaf probeer glimlag, ek kon sien Pa was nie lus nie.

Die volgende aand het ek weer die kamerjas aangetrek en elke aand daarna. Elke keer het nog 'n stuk watte afgeval. Later was daar niks meer nie. Toe het Ma die jas in die was gegooi.

In my kop is 'n kas, in die kas is 'n laai, in die laai skyn 'n lig. Noudat die kas oopgemaak en die laai uitgetrek is, skyn die lig 'n spierwit streep sonder einde. Dis 'n straal van onder na bo, soos 'n sonsopkoms in 'n poppekas. Die laai kan nooit weer toe nie, die lig skyn steeds en sal so lank as wat my kop nog werk.

Die boonste huis

Die hoofstraat het soos 'n reguit slakstreep dwarsdeur die dorp geloop sonder 'n einde aan een van die twee kante. Aan die bokant, net buite die dorp, het die pad in twee verdeel, reguit voort na Eendekuil of links na Piketberg. Aan die onderkant het die pad gestrek tot by Gouda en later verdeel, links na Tulbagh, regs na Wellington. Die einde van die dorp is aan albei kante aangedui deur lanings bome, tot en met die aand van die tandepasta minder vreesaanjaend as die een buite Riebeek-Kasteel. (Hier was die atletiekbaan binne die dorp!)

In die hoofstraat, op teen die bult, net voor die heel laaste dwarsstraat, was 'n vierrigtingstop. Op die een linkerkantse hoek was lang gras of 'n gebou wat geen indruk gemaak het nie, op die oorkantse hoek was die koöperasie, 'n lelike grys gedrog vol plaasreuke en goiingsakke. Aan die voorkant van hierdie grysheid was 'n groot en 'n klein deur, die kleiner het gelei tot Die Heerlike Hoekie – 'n titel wat ek in stilte gegee en gebruik het. Hier het jy skroewe, harke en ooms trotseer ter wille van 'n paar flesse op 'n toonbank. Helder appelkooslekkers (altyd rêrig bros en varsgemaak, geen tand is ooit gebreek nie), meelvisse, Chappies-kougom in geel papier (dié is gekoop vir die storietjies aan die binnekant, hoekom sou jy iets kou wat jy nie kan sluk nie?) en dik Wilsontoffies, op 'n warm dag so sag soos fudge.

Op die regterkantse hoek was die huis waarin Die Uitasemvrou gewoon het. Sy was effe geset en vriendelik, maar altyd op haar laaste asem. Sy het elke dag by die bult afgestorm. Oefening, oefe-ning!

Middag, Tannie!

Ek kan nie stop nie, my hart sal gaan staan! Middag!

Die res van die tyd het sy geswoeg in 'n welige groentetuin wat haar daagliks oorwin het. En twee keer per week het sy in 'n groot waskom geklim en beetblare getrap. Hiermee het sy blykbaar die heerlikste bredie denkbaar gekook, sy was net te uitasem om enigeen te nooi.

Op die laaste van die vier hoeke het die Hanekoms gewoon. Hulle huis het teen die straat gestaan en met die eerste kyk sou jy nie glo dat dit die voorkant van die heel grootste erf op enige dorp op enige planeet was nie. Hulle agterplaas het begin met 'n tuin en geëindig met 'n pakstoor, 'n saagmeule, stapels hout so hoog soos die piramides van Egipte en heel laaste, 'n woud.

Dis op hierdie hoek dat Pa eendag regs draai, verby die Hanekoms ry en toe stilhou.

Kyk, sê hy en wys na die linkerkant.

Ek en Ma draai ons ruite af. Teen die pad is 'n lae heining van regop en dwars houtpale, daarna begin 'n heldergroen grasperk wat aanhou en aanhou, klim-klim teen die bult uit. Heel bo staan 'n wilgerboom, majestueus en rond soos die kop van 'n reus. Van agter die wilger loer 'n huis, 'n langerige, plat huis met 'n oop stoep, 'n eenvoudige wit gebou sonder enige van die fieterjasies waaraan die ou huise so swaar moes dra.

Dis ons nuwe huis, sê Pa, Wil julle gaan kyk?

Ian klouter bo-oor my en hang by die venster uit.

Niemand kom op die gras nie, dis myne! skree hy, Net cowboys kom op die gras, die Indians woon onder die boom!

Pa ry 'n paar meter agteruit en draai in by 'n grondpad. Ons eie pad! Hy ry stadig op na die huis. Net bokant die dak skuif 'n paar silwer wolke weg van mekaar, sonstrale vorm 'n onderstebo waaier en 'n koor sing een majeur-akkoord: Haaaaaa!

Lig val oor al die groen, oor ons harte, oor ons lewens. Uitkoms! Dis onmoontlik vir Die Swaar Kasteel of Die Plak of die klavier om bult-op te trek tot by hierdie ruim paradys.

Binne 'n maand is ons tuis. Ek het 'n slaapkamer met moderne ingeboude kaste, boekrakke en 'n lessenaar wat Pa self gebou het. Die kombuis is groot en lig, die venster kyk uit oor die agterste bure se vrugteboord, daar is 'n lang toegeboude stoep wat deur 'n kaggel verdeel word in 'n eetkamer en 'n sonkamer, 'n dubbeldeur vol venstertjies maak oop op die voorstoep. Hier staan 'n hele ry sementpotte met koemkwatboompies. Koemkwats! Ouma se lemoentjies! Ek het geen verklaring hiervoor nie, maar selfs op die moeilikste oomblikke van grootword het hierdie boompies my oorlogsiel gelig. Roosterbrood met koemkwatkonfyt, sagte kaas met ingelegde koemkwats, Bourbonkoek met versuikerde koemkwats, hierdie smake is deur die jare vasgelê en bly nou statig en koninklik in Die Kamers Van Weelde.

Die wilgerboom word my tuiste. Soos 'n pous in die Sistynse kapel lê ek elke dag op my rug en staar na die koepel. Die stringe blare hang tot op die grond, ek ontdek stilte, privaatheid en grootsheid, niemand sê 'n woord nie, ek leer ken self die waardigheid van iets wat lank voor ons gebore is en lank ná ons bly bestaan, 'n ou profeet met lang arms leef op ons erf, hy beskerm en beskut, waarsku met 'n sagte geruis, stel gerus met sy kalm teenwoordigheid.

In Die Boonste Huis kweek ons gesin nuwe gewoontes. Ek word toegelaat om elke middag (ná huiswerk!) radio te luister. Op Springbokradio vind ek 'n nuwe poort. Ek luister na Esmé en Jan, wonder hoekom my ma nooit hulle resepte probeer nie, ek verlaat Porterville en tuimel sonder keer in die drama van *Dans van die flamink*, verloor my hart op elke skone stem in *Ongewenste vreemdeling*. Ek begin my eie verhale skryf en teken boeke vol helde en heldinne.

Ma begin handwerk doen. Daar is 'n vlaag van kreatiwiteit op die dorp en elke tweede vrou het 'n plank en 'n tas vol beiteltjies. Houtsneewerk is al waarvoor daar gelewe word, koorsig kap en beitel hulle, alleen of in groepe. Sonneblomme, Bybelse kruike, Rut en Orpa, Paul Kruger en Moses, leeus en perde, lelies en proteas, alles en almal verskyn in hout. Hulle hang bo kaggels, ontsier voordeure, pronk op preekstoele en loer vanaf bedkassies.

Daar word geskuur en vernis, gemonteer en onthul, uiteindelik is alles op die dorp uit hout. Teen die tyd dat Mevrou 'n teeparty reël om die twee meter lange meermin op haar garagedeur in te wy, kom die eerste mense in opstand.

Nee nonsens, sê Die Uitasemvrou, Wat is dit hierdie? Houthel?

Ja, sê Corlea se orige ma, Ek doen nou net macramé, dis lieflik op 'n veranda. En die oulikste geskenke!

Binne twee weke hang daar drie varings in macraméhouers in die hoek van die sonkamer. My ma knoop toue en ryg houtballe en kleiknolle. Ek knoop saam. Dis soos skelm eet, jy wil, maar jy kan nie ophou nie. My ma se plaasvriendin stop een keer per week by die koöperasie en loer daarna in vir tee. Op 'n dag verskyn sy met 'n mandjie vol vars eiers. Die macramé lê die hele eetkamer vol.

Ek het nie gedink jy kry iets lelikers as my man se gedagtes nie, maar hier is dit wragtag nou, sê sy.

Dieselfde dag is Ma klaar met macramé. Sy sit die mandjie eiers op die toonbank en haal twee plat oondpannetjies uit die kas.

Erikie slaap, sê sy, Kyk dat Ian nie verdwyn nie, ek is net langsaan. Twee minute.

Sy kom terug met 'n resep van Tannie Hanekom. Sy breek 'n paar eiers en skei die wit van die geel. Ná die treinkoek het ek haar nog nooit weer sien bak nie. Op hierdie dag bak sy 'n jamrol, goud-kleurig, lig, sonder 'n kraak, heerlik. Die volgende dag bak sy twee, die dag daarna nog twee. My ma bak jamrol sonder ophou, sy rus net op Sondae. Somtyds is daar room in, ander kere net konfyt, soms karamel, af en toe is die hele ding uit sjokolade. Ons is later soet tot in ons murg. My Pa sê sy maag voel snaaks. My ma sê dis van spanning. Sy bak nóg en deel dit uit op die dorp. Hierdie jamrolfase hou aan vir langer as twee jaar, heeltemal onverklaarbaar en tot vandag toe nog nooit bespreek nie.

Intussen bly knoop ek macramé. Ek stem saam met die plaasvriendin, dis afskuwelik, maar dis iets wat begin en klaarmaak, dis 'n voorwerp, 'n kleine prestasie. Daar is geen inmenging, geen kommentaar, ek maak elkeen anders, elkeen is my eie idee. Ek bly boeke vol helde teken, maar dis nie genoeg nie, ek leer hoe om kerse in was te doop, gekleurde nagmerries met punte en gate en krulle, sommiges word gestrooi met blinkers, daar is genoeg swak smaak op die dorp om vir elkeen 'n tuiste te vind. Ek begin met tolletjiebrei, lang bont wolworse word opgerol as badkamermatjies, tafelmatjies, oortreksels vir ronde kussinkies en bodems vir hondebedjies. Ek is koorsig, ek begin met spykerkuns. Spykers word in formasies op 'n houtagtergrond ingekap, van diep tot vlak of andersom, dan word dit geverf, ek hou van wit, daarna word prentjies gespan met hekelgare in helder kleure, seiljagte, palmbome, sandduine, Kersbome en dolfyne.

O, dis mooi, hyg Die Uitasemvrou.

Sy hang 'n swaan en 'n duif in haar voorkamer.

By die skool hoor 'n juffrou van my tuiskuns. Daar word besluit dat ek elke Dinsdag vir die laaste twee periodes uit my klas verskoon sal word, ek gee dan handwerklesse vir die hulpklas.

In die hulpklas is kinders van alle ouderdomme, party is gretig, ander sê kliphard hulle is nie lus nie. Twee van die seuns lyk soos grootmense en moet al skeer. Ek kyk af na my hande en wys wat ek kan doen. Ek is skaam en skrikkerig, maar my entoesiasme kry die oorhand. Hulle leer stadig, loop rond, praat terug en kry dit mettertyd reg. Trots voltooi ons die een projek na die ander, net nie spykerkuns nie, die juffrou sê hamers is te gevaarlik. Ek begin uitsien na Dinsdae, dis my eerste treë na leierskap en ek voel elke week meer gemaklik, die kinders maak grappies en die ander onderwysers kom kyk, daar word selfs 'n uitstalling in die skool se voorportaal gehou.

Op 'n dag moet ons die klas ontruim, want een van die twee wat al skeer het sy broek oopgemaak.

Hande oor die ogies! skree die juffrou, Gang toe! Loer deur jou skrefie!

Dis na aan die einde van die jaar en die juffrou besluit dat die laaste paar weke sonder handwerk moet wees. Die volgende jaar is daar 'n nuwe juffrou en sy het geen behoefte aan my vaardigheid nie. So eindig my tydperk van handwerk. Ek is nie spyt nie, ek groei vinnig, my kop is aan die woel en die tuisgemaakte aaklighede is nou uit die mode

Die Boonste Huis het ons verander. Daar was ruimte, asem, lig en byna vrede. Maar in die hoek van die sitkamer het die klavier bly staan, ek het my voete een keer per dag gesleep tot by die bruin bees, gesug – 'n sug was altyd 'n treffende radio-oomblik, ek kon sug soos die bestes – en sy deksel gelig. Dae waarop ek myself nie sover kon bring nie, het Ma gou gesorg dat ek my sit kry. Af en toe het die huisengel gesien die lamte hang werklik swaar in my arms, dan het die foon skielik gelui of daar was 'n klop aan die voordeur.

Ek het geweet dat musiek suurstof was, dat ek nie daarsonder sou oorleef nie, maar op 'n klein dorpie het musiek bestaan uit klavierles, dis al. Ek het nie geweet dat kinders oor die aarde besig was met vioollesse, sanglesse, jeugorkeste, Spaanse danse, klop-danse, ballet, jazz, saksofoon of tromme nie. Hier was dit net 'n gesanik, eentonigheid en eksamens, krummels van die musiek wat ek binne my kon hoor.

'n Kind is 'n merkwaardige wese, ten spyte van onskuld en on-kunde in staat daartoe om te oorleef al tol berge in sy rigting. En hierdie klavieronderrig waaraan ek so geketting was, was maar net een van die Drie Skadu's wat binnekort oor my sou kom hang.

Skadu Twee

Reg oorkant ons het 'n welgestelde vrou gewoon. Met haar adellike houding en dubbele string pêrels het sy die wêreld vol gereis. Ons het nie geweet of sy as Tannie of Mevrou of U Hoogheid aangespreek moes word nie en het net verbouereerd geknik wanneer sy 'n raar verskyning gemaak het. Aan die einde van elke reis het sy vir 'n maand in haar dorpshuis gebly, die volgende maand op haar plaas buite die dorp en daarna weer op 'n skip geklim. Ek was twee of drie keer saam met Ma na haar groot sitkamer genooi. Daar is tee bedien in handgeskilderde porselein, asook winkelkoekies op 'n kristalbord. Die mure was bedek met skilderye, tapisserieë, borduurwerk en handgeweefde doeke uit lande wat sy besoek het. Bokant die kaggel was 'n skets, netjiese dun inklyne op donkergeel styfgespande sy het 'n ongewone gebou uitgebeeld, gesien uit die lug. Sy het opgemerk hoe ek daarna staar en verduidelik dat dit die woning van 'n Chinese edelman was. Hulle het hul reusagtige huise in vierkante gebou rondom 'n binnehof, stoepe het na binne gewys en alles was perfek simmetries, dit het die gevoel gegee van 'n eksklusiewe gemeenskap en was maklik om te verdedig teen vyande. Ek het onmiddellik 'n klein bietjie meer van ons skool gehou, dit was presies op hierdie manier gebou.

Die skool was aan die kant van die dorp, 'n groot vierkant met alle klaskamers wat uitloop op stoepe rondom die binnehof, 'n perfekte vierkant. In die middel was die saal. Die skool was omring deur 'n rugbyveld, tennisbane, musiekkamers, speelgronde en 'n roostuin met 'n sonwyser aan die voorkant. Oorkant die straat was die koshuis, hier het plaaskinders en 'n paar onderwysers gewoon.

Ek was nou 'n laerskoolleerling en bo alle verwagting was daar 'n paar goed wat vreugde verskaf het, die meeste van alles: my skoolboeke. Ons is toegelaat om ons boeke, dié waarin gedruk was en dié waarin ons moes skryf, oor te trek met enige papier van ons keuse. Al die boeke was nuut, niks is geërf of vir 'n tweede jaar gebruik nie. Nuwe boeke met prentjiespapier en blinkplastiek, dit was soos Kersfees! Ek het in elke winkel gaan soek na velle geskenkpapier, rolle patroonpapier is by die huis ingedra, nie twee boeke het dieselfde gelyk nie, strepe vir taal, blare vir aardrykskunde, krulle vir skrif, blokkies vir somme, ek was vir 'n paar oomblikke gek van geluk. Elke boek is versigtig neergesit, elke papier is gemerk, lyne is getrek, daar is reguit geknip asof die lewe self kon eindig met 'n fout. Perfek oorgetrek, naam voorop geskryf, plastiek bo-oor getrek en geplak sodat skerp hoeke vorm, elke boek met sorg regop geplaas in my nuwe tas van sagte leer. Ek kon nie wag om 'n boek in die klas uit te haal sodat 'n juffrou nie kon help om te staar of 'n jaloerse meisietjie vies na haar eie bruinpapier moes kyk nie. Die meerderheid aardse skepsels sal dit nooit beleef of begryp nie, om 'n aanskoulike, goedversorgde boek te hanteer, te lees en dan uit te stal, bly 'n voorreg, 'n besonderse elegante ervaring, die reuk van 'n nuwe boek bly die bevestiging van vooruitgang en hoop.

'n Skoolpouse was 'n voorskou van alle ellende en geweld waartoe die mensdom in staat was, oorlewing was 'n kunsvorm wat blitsig geleer en doelgerig uitgevoer moes word. Hieronymus Bosch het al in die vyftiende eeu 'n speelgrond as 'n hel vol venynige oermoere uitgebeeld. Ek het vir die nimmereindigende twintig minute oor hierdie stowwerige platheid gedwaal en gedobber, ek was 'n rotjie op 'n verlore vlot. Daar was bendes, hulle het na mekaar geloer, weggekruip, gedros en nuwe bendes gevorm. Vir wat? het ek gewonder. Moor mekaar of los dit, kry net rigting! Seuntjies het gate gegrawe totdat die aardkors gelyk het of niks weer die pes sal verdryf nie. Om elke gat het 'n klomp gekniel en met albasters geskiet, 'n onverklaarbare spel. Ek het ook opgedaag met my sakkie albasters, glasballe met pragtige kleurvlekkies binne, ek het gekniel, herhaaldelik geskiet, elke keer iets verkeerds getref en is weggejaag. By die huis het ek my albasters in 'n glasbakkie gegooi en voor my bedlamp staangemaak, die patrone het teen die mure gedans, boodskappers uit 'n onmoontlik ver koninkryk.

Groter kinders het soos roofdiere bly loer, altyd op soek na 'n bytplek, dom drommels met growwe gesigte en lywe wat vassit in die pynlike tydperk voordat goeie proporsie gemaklikheid of aantreklikheid kom vestig. Hulle het skoorgesoek, gekoggel, gestamp, gepootjie, gesteel, geknyp, gegryp, ek was 'n perfekte teiken, sagte gesig, sagte lyf, sagte stem, 'n baba-varkie tussen hiënas. Ek het gevlug en gekoes, gewens, gebid en weggekruip. Voertsek. Moenie kyk nie. Los my. Ek is net sigbaar in die klas. Weg met jou klam hande. Weg met jou warm asem. Ek is hier om te presteer. Ek is nie jou maatjie nie.

Daar was wel maats. Vier. Die bure se jongste seun. Die posmeester se seun. Die vriendelike onderwyser se seun. En die alleentannie se seun. Hulle kon my raaksien. Hulle was sonder oordeel of geweld. Hulle kon rof speel, ook boek lees of lank gesels. Hulle was nuuskierig en avontuurlik. Ons het naweke by mekaar se huise oorgeslaap. By die een se huis het ons snags wakker gebly en skuinskoek gesteel uit 'n blik wat met pleisters toegehou is, die skuinskoek was 'n kosbare lekkerny, gebak en gestuur deur 'n ouma uit Sutherland. By 'n ander huis moes ons vroeg gaan slaap, ons moes reeds droom voor sy ma en pa klaar was met die wyn en luidkeels begin stry. By nog 'n huis is sketse uit die *Huisgenoot* se liefdesverhale by flitslig bestudeer en dan het ons geoefen om te soen, oopmond met lang tonge en baie spoeg, dit was vreeslik grillerig en absoluut heerlik. Sies, het ons gefluister, Wéér!

'n Kosblik is 'n ding wat in jou tas moet wag totdat jy van honger wil flou val, totdat jy vir 'n oomblik vergeet pouse is 'n sterfte en begin bid dat die klok moet lui. 'n Kosblik is soos 'n oumens, daar is goeie dae en slegte dae. Op 'n goeie dag is daar witbrood met tamatie en kaas of 'n broodrolletjie met kouevleis en mayonnaise. Selfs 'n Chomp of 'n KitKat. Op 'n slegte dag is daar bruinbrood met Marmite of die ramp van alle rampe, appelkooskonfyt. Ek het my ma begin smeek vir kosgeld, ek het my pa begin smeek, ek het gelieg en gesê kinders steel my brood, ek het gesê ek gooi op want die hitte laat die broodjies vrot proe, ek het aangebied om te werk vir geld. Uiteindelik het ek kosgeld ontvang, een of twee keer per week, op ander dae het ek eers die kosblik probeer en daarna vetkoek of Provita by een van my vier maats gebedel. Dae met kosgeld was soos vakansie. Ek was nie benoud of op die uitkyk vir drommels nie, ek het na die snoeptoonbank langs die saal gestorm en gestoei tot heel voor. Hier het twee koshuistannies hulle pensioen versterk deur warm worsrolle en pakkies chips te verkoop. Met 'n warm wonder in een hand en 'n pakkie sout-en-asyn in die ander het ek by die saal ingeglip en agter die koorbanke gaan eet. Hierdie fees het alle lyding, elke vreesaanjaende skooldag die moeite werd gemaak. Ek het jare later hierdie plesier herleef elke keer dat ek as Stellenbosse student by die kerk ingeglip en 'n hotdog agter die orrel geëet het.

Dit was 'n Maandag, ons het almal in die saal gesit, die skoolhoof het sy laaste aankondiging gedoen, dit was tyd vir die skoollied. Toe gryp elke bose gees met arms 'n stuk skadu en sleep dit tot reg bo my sitplek en my geloof. 'n Man met 'n akkerkop en 'n rooi vel, geklee in 'n blou nylonsweetpak met wit strepe, stap na die kateder en kondig aan dat die somer amper verby is, elke seun speel hierdie winter rugby, as enigeen nie weet wat die korrekte rugbyklere is nie, vind uit, ons oefen volgens ouderdomsgroepe, die rooster verskyn pouse teen elke kennisgewingbord.

Vir twee dae weet ek nie wat om my gebeur nie, alle klanke ver-ander in donderweer, ek protesteer, vra vrae, verduidelik dat ek siek is, niemand hoor my stem nie, niemand sien my paniek nie, Pa lag lekker oor die rugbyspelery, sy stem donderweer, Ma kla oor die prys van sportklere, haar stem ook donderweer. Woens-dag staan ek op die veld, wit kortbroek, wynrooi trui met 'n mosterdgeel streep, dis ons eerste oefening, ander seuntjies bok-spring ongeduldig, gil en takel mekaar, hulle kan nie wag dat die aksie begin nie. Die man in die blou sweetpak verskyn en blaas op sy fluitjie. Alles op aarde, alles wat ooit bekend of genadig was, kom tot stilstand. Soos olievlekke in 'n waterpoel beweeg ons geluidloos, sonder rigting of rede. Ons vorm formasies, die sweetpak gil en brul, klap my teen die skouer, ruk my aan die arm, ek beland in 'n ry, ek beland in 'n bondel, ek beland op my knieë. My gesig is klam. Huil ek? Seuns lag. Lyk later verbaas. Word ek uitgesonder? Ek weet niks.

Ons is in 'n bus. Ons beland op 'n vreemde dorp, daar is groepe mense om 'n veld, ook Pa en Ma en Ian en Erik. Vreemde seuns in ander kleure bestorm ons. Ons hardloop, ons val. Ek skarrel rond soos 'n dier wat gif gesluk het. Die sweetpak gil op my. Donder-weer. Ek onthou hoe Oupa gepraat het van 'n vark in sokkies. Was dit hy?

Ek kyk op, soos 'n dooie duif stort die bal uit die lug. Dis in my arms. Wat moet ek doen? 'n Kind so groot soos 'n perd storm op my af. Ek onthou my kortbroek is wit, ek onthou hoe vies Ma word wanneer sy die wit goed vir 'n tweede keer moet was. Ek gooi die bal vir perdekind. Die mense gil soos malles. Die kind vang die bal en storm by my verby. My broek bly spierwit. Waar-oor skree almal?

Die volgende dag is Sondag. Ná kerk wag een van my maats voor die kerk.

Die hele dorp praat net oor jou, sê hy, Oor jy die bal vir die vyand gooi.

Ek het nie geweet ek mag nie, sê ek.

Jy gooi dit vir jou eie span, sê hy, Of jy hardloop na die pale.

Hoekom gee hulle dan vir ons wit broeke? sê ek.

Jy moenie Sondagskool toe gaan nie, sê hy, Hulle sal jou bykom.

Ek sit agter die pastorie tot Sondagskool klaar is. Ek loop eers huis toe wanneer die strate stil is. Ek is naar. Ek bly die hele week naar, ek koop nie eens 'n worsrol of 'n pakkie sout-en-asyn nie. Die volgende Saterdag speel ons rugby in Darling. Daar is soveel mense dat sommige agterop bakkies moet staan om te sien. Almal het van my gehoor. En dat ons span die verste gaan verloor in die geskiedenis. Ons stel nie teleur nie.

Die hel hou aan vir maande. Tydens 'n oefening slaan die sweet-pak my met 'n dun plank, 'n stuk hout soos dié waarmee die Hanekoms vrugtekissies maak. Ons was besig om te leer skrum.

Breek los! het hy geskreeu.

Ek was te stadig en twee houe het my teen die bobeen getref.

Ek het hom gevloek sonder 'n geluid. Ek het geweet 'n mens vloek nie iemand nie, maar ek hom gevloek, weer en weer, ek het hom vervloek met elke teëspoed waaraan ek kon dink.

Nou, hier op papier, klink dit melodramaties, maar dit is steeds in my lyf, die kennis van verloëning, die boosheid van groepsdruk, die gal van massa-plesier, die hopeloosheid om te stry teen gemors soos rondhol en seerkry op 'n grasperk net omdat duisende, duisende, duisende dit aanbid.

Deesdae is dit skreeusnaaks, my manewales op 'n rugbyveld, maar as 'n kind van elf het ek dit ervaar as haat. Haat teenoor my en gevolglik my haat teenoor hulle, die georganiseerde, dikvellige, kortsigtige, tradisionele, wettige, publieke boelies. Dit was die begin van my diepgewortelde renons in gesag van enige aard, my weersin in politici, akademici, kerklike konings en sosiale reuse. My onwilligheid om te buig of te volg bly steeds deure toeslaan.

Sewe maande nadat ek die bal vir die vyand gegooi het, het die sweetpak se vrou hom verlaat en sy wetterkind die skooljaar gedruip. Ek het vir Oupa en Ouma gevra om my Paarl toe te neem, daar kon ek sterre en blinkers koop vir die nuwe jaar se skoolboeke.

Pontiac

Uiteindelik kom die somer. Vir die eerste keer in my lewe bring hitte verligting. Ons moet steeds aan sport deelneem, maar nou is daar 'n keuse tussen atletiek en tennis. Die meeste kinders kies atletiek, hol en spring en gooi en gil, dis waar die liefde lê.

Net 'n paar van ons speel tennis, die bane is agter die skool, langs die grondpad en oorkant 'n groot stuk veld. Ons is omring deur 'n hoë donkergroen heining, ons afrigter is Mevrou Louw, ma van een van my vier maats, sy kies die stilste middag van die week, ek voel byna veilig.

Ons leer dien, ontvang, deurswaai met die voorarm, krag bou met die rughand, speel by die net, speel weg van die net. Ons het wit skoene, wit broeke, wit hemde, soms wit keppies (ek lyk soos wanneer iemand 'n eier van onder afdop en vermy die keppie) en splinternuwe rakette. My raket het 'n wit leersak met 'n rooi ritssluiter, soos gewoonlik is die verpakking my grootste plesier. Tennis is 'n sportsoort, 'n fisieke aktiwiteit, ek is dus hopeloos en verloor elke moontlike punt, maar daar is net ag van ons, vier

seuns en vier meisies, ek haal dus die span. Nou kan ek weer ver-
neder word op elke dorp in die Swartland, jippie.

Voor my eerste wedstryd kom praat iemand in my oor, dis nie
Die Prins nie, dis 'n vrouestem, hoog en asemrig, dalk Bora, dalk
Becca.

Jy moet vertroue hê, sê die stem, Slaan op.

Ek het geen idee wat dit beteken nie. Ons heel eerste wedstryd is
op Moorreesburg. Die seuns ry saam met Meneer Olivier, sy seun
is ook in die span. Meneer Olivier is een van die onderwysers wat
klasgee vir die groter kinders, hy is 'n ouerige man, vriendelik en
altyd in 'n snyerspak wat perfek pas. Hulle woon aan die einde
van ons straat, 'n hoekerf met 'n netjiese tuin reg rondom die
huis.

Meneer Olivier het geleef met twee dinge wat vele hom beny het,
'n baie ou motorkar en 'n baie jong vrou. Hierdie vrou was beeld-
skoon, met hare soos Jackie Kennedy en grimering soos Sophia
Loren. Voor ons ry, drink ons koeldrank. Ek verkyk my, hoe kon
sy iemand se ma wees? Waar kry 'n mens so 'n rok? Sagte lap met
'n herfsblaarmotief, gedrapeer om die middellyf en heupe asof sy
gaan dans in een van Fred Astaire se musiekprente.

Daar is geboue en voorwerpe op aarde wat jou kan wegvoer met
'n enkele aanraking of toetreding. So 'n ding het voor die motor-
huis gestaan, 'n donkergrys Pontiac. Meneer Olivier en sy seun
het voor ingeklim, die res van die span agter. Binne was dit so
groot soos 'n rykmanskroeg, daar waar stadsmense sigare rook,
gegraveerde glase vashou en transaksies beklink waarvan geen

regering ooit mag weet nie. Sitplekke uit antieke leer vol fyn kra-kies, chroomhandvatsels teen die deure, gepoleerde houtpanele, 'n uittrekskinkbord vir drankies, laaitjies vir lekkergoed of munt-stukke, 'n radio wat vir seker Russiese kodes kon opvang.

Meneer het meer as een keer gelag en gesê, Ek droom ook van 'n nuwe motor, maar jou pa werk so goed, hierdie ou wa bly net aan die loop!

Die vroeë sewentigerjare het geboorte geskenk aan van die mees ontstellende modes, meubels en argitektuur in die geskiedenis, vorme, teksture en kleure, deesdae deur eksentriekes versamel, mag dit nooit herhaal word nie. In hierdie Pontiac, volkome uit plek terwyl hy stadig sweef deur die koringlande op pad na Moorreesburg, het ek teruggesit soos 'n ware heer in 'n Europese roman, verlos van alledaagse sorge, onbewus van die jaloesie en twis tussen sy werkers of huurders. Die jakkalsies wat knaend bly kou aan die enkels van gewone sterflinge was nog nooit binne 'n Pontiac nie.

Ons hou stil by die tennisbane op Moorreesburg. Ek vergeet on-middellik van my skouspelagtige aankoms, die seun teen wie ek moet speel, het bene soos 'n luiperd, ek wil hom teken saam met die ander helde in my boek, nie teen hom speel nie. Ek voel hoe my liggaam begin versteen en toe weer smelt.

Die luiperd moet eerste dien. Hy gooi die bal in die lug en slaan dat ek kan hoor hoe kraak die baan.

Slaan op, sê die stem.

Ek laat sak my raket en swaai dit na agter soos 'n tannie wat 'n aanvaller met haar inkopies wil bydam. Met 'n reguit arm ruk ek die raket vorentoe, die bal vlieg op en op. Die ander kinders hou hul hande bo hul oë en ruk hulle koppe na agter.

Waar's die bal? skree my maat.

Die kind skep sop! skree Moorreesburg se afrigter.

Heen en weer trippel die luiperd. Hy hou sy raket met albei hande vas. Soos 'n komeet pyl die bal af na die aarde. Die luiperd slaan wild in die lug. Die bal tref die baan.

Dis in! skree my maat.

Dis nie tennis nie! skree Moorreesburg se afrigter.

Dis *sy* tennis, sê Meneer Olivier kalm, Altyd sy eie idees, 'n besonderse leerling.

Weer en weer slaan die luiperd. Weer en weer stuur ek die bal na die hemelruim. Ek wen die eerste van talle wedstryde. Moorreesburg dreig om 'n klag te lê. Meneer Olivier groet hoflik en ons klim in die Pontiac. Ons ry stadig terug, klassiek en grasieus. Ons drink cream soda en eet NikNaks. Ek vergeet dat ek ooit ongelukkig was.

Vliegtuig, water, klimop

In Julie 2015 was ek besig met voorbereidings vir *Mannequin,* my sestiende verhoogproduksie vir Emperors Palace. Vir my as solo-kunstenaar was dit 'n groot prestasie om so 'n lang en suksesvolle residensie in so 'n groot teater te kon voortsit, maar jaarliks het die spanning meer ondraaglik geraak. Soveel weke! Gaan ek dit volkry? Sal almal weer opdaag? Hoeveel is opgewonde en hoeveel slyp hul dolke? Is ek maer genoeg? Is die musiek te vreemd? Is die verhaal boeiend? Herhaal ek myself?

Ek het snags begin droom, elke nag dieselfde situasie. Ek sit saam met 'n groep musikante op 'n lughawe, ons het die vorige aand iewers 'n optrede gehad, ons is op pad huis toe. 'n Luide stem kondig aan dat ons vliegtuig weens tegniese probleme nie gebruik mag word nie en dat ons na 'n ander terminaal moet gaan om te wag vir ons nuwe vlug. Een van die musikante merk op dat die aankondiging in 'n eienaardige aksent gedoen is. Direk daarna volg nog 'n aankondiging, 'n vliegtuig het nie toestemming om op te styg nie, daardie passasiers moet ook na die ander terminaal beweeg. Nog soortgelyke aankondigings volg, honderde passasiers begin stroom in dieselfde rigting as ons.

Die nuwe terminaal lyk heeltemal anders as die res van die lughawe, daar is geen kennisgewingborde, geen kleurvolle advertensies, geen restaurante, geen winkels, dis 'n massiewe metaalkonstruksie met betonmure en 'n sinkdak, geen vensters. Mense is benoud oor hul bagasie en soek na personeel of toonbanke, maar daar is geen. 'n Aankondiging – nou duidelik in 'n baie vreemde aksent – word gemaak. Almal is op dieselfde vlug, daar is geen bespreekte sitplekke nie, almal moet nou deur die deure aan die einde van die saal aan boord stap.

Hoe is dit moontlik? skree mense.

Beweeg! weergalm die stem oor die luidsprekers.

Ek soek na die musikante, hulle is nêrens te sien nie, honderde mense druk teen mekaar, sommige struikel en val, ek herken niemand nie, ek wil nie op die vliegtuig klim nie, maar die stroom is te sterk, vorentoe, vorentoe. Mense huil en soek na familie of ander reisgenote.

In die vliegtuig raak ek paniekbevange. Hier is groot fout. Daar is rye sitplekke so ver as wat ek kan sien, nie net voor my nie, maar ook na die kante. Geen vliegtuig het so 'n vorm nie, hoe kan 'n stadion opstyg?

Dis Die Algemene Vlug, sê 'n vrou agter my. Sy is hees van vrees.

Moenie sit nie, sê 'n man, Hulle kan nie vertrek solank ons bly staan nie.

Ek weet van Die Algemene Vlug, sê die vrou, Jy verdwyn net. Niemand soek jou nie, jy's net weg.

Sy gryp my skouer, Waar hulle jou heen vat, sal niemand jou raaksien nie, jy is eenvoudig onsigbaar. Ek het gehoor dat 'n paar al hul pad teruggevind het, maar niemand het hulle herken nie!

Ek stamp teen mense, ek verloor my sak, ek storm tussen die sitplekke deur, af met die paadjie, ek sien nie een bekende gesig nie, ek gil elkeen se naam, maar my mense is weg. Uiteindelik is ek by die laaste ry, ek sien die nommer op die vloer, 333. Voor my staan 'n vrou in 'n liggrys uniform. Sy het geen wenkbroue nie. Haar hare is teruggekam en vasgevang in 'n ronde bal reg bo-op haar kop. Agter haar is 'n oop deur.

Nee! sê sy in 'n onbekende taal. Maar jy herken altyd 'n nee, al is jy besig om in 'n vrou met 'n uniform vas te hardloop. Sy val agteroor, ek tuimel oor haar, uit by die deur. My val duur lank genoeg om te wonder hoekom ek nie wakker word nie, ander drome is altyd korter. Ek land geluidloos op sagte gras. Ek spring op en begin hardloop, ek weet waarheen, links van my is 'n lang platterige gebou uit donker hout, die horisontale planke lê oor mekaar soos dakteëls, daar is 'n ry vensters, voor elkeen is roosbome geplant, dit lyk asof 'n trein in 'n blomtuin vasgeval het. Rego van my is 'n outydse gebou, twee of drie verdiepings hoog, voor my is 'n swembad met 'n wit sementrand wat uit die grasperk verrys soos 'n kraalmuur op 'n spookplaas, agter die swembad staan 'n vierkantige huis met 'n puntdak en vensters wat netjies onder mekaar geplaas is, 'n groot pophuis, heeltemal bedek met klimop. Dis waarna ek op pad is. Daar is drie trappies na die voordeur. 'n Ligte stamp laat die deur oopvlieg. Ek storm binne. Die huis is leeg, geen mense, geen meubels, elke muur is toegeplak met muurpapier wat lyk soos muur. Ek het tyd om daaroor te dink. Was die mure lelik? Wie het ooit geweet dat jy 'n lelike muur kon toeplak met 'n mooi muur?

Binne die klimop-huis was daar vrede, ek het my asem terug-gekry en begin ontspan. Niemand, nie terroriste, moordenaars, onderwysers, familie of bure kon jou hier kry nie. Hierdie ver-sekering is aan jou gegee wanneer jy die deur oopstamp. Deur wie? Daar was geen stem nie, net die kennis. Op hierdie oomblik het ek elke keer wakker geword, doodmoeg nadat Die Algemene Vlug my weggeneem het van nog 'n nag se rus.

Die toegerankte huis het in werklikheid bestaan. Dit het gestaan op 'n grasperk in die middel van die Hugenote Kollege se ander kampus, so ook die lang houttrein, die outydse gebou en die swembad. Nadat Ouma-hulle Huis Samuel verlaat het, het hulle hierheen verhuis, na 'n piepklein huisie heel aan die einde van die gronde.

Ek sou nooit kon dink dat daar 'n mooier gebou op aarde was as Huis Samuel nie, maar dit was wel so. Sou ek in my drome nie dadelik begin hardloop nadat ek uit die vliegtuig geval het nie, maar eers omgekyk het, sou ek hierdie kasteel raaksien. Sy naam was Cummings. (Dié reus is ontwerp deur 'n Amerikaanse argitek en gebou aan die einde van die neëntiende eeu, 'n geheimsinnige Franse klipkasteel in 'n Bolandse dorp.) Vakansies moes Oupa en sy helpers hierdie krakende, kreunende skoonheid verlos van pyn en ek het deur gange en kamers en torings gedwaal. Hoeveel van die verhale waarmee ek vandag my geld verdien, is hier van agter gekerfde kamerdeure en vanuit verlate pakkamers aan my oorhandig! Dis hier waar die ongeduld – dikwels afkeer – teenoor gewoonheid in my gebeentes kom woon het.

Vanaf Cummings se klein voorstoep het ek gesit en kyk na die outydse gebou, hy was Ferguson gedoop. Ek was nie een keer binne nie, Ferguson was soos 'n ouskoolse butler, formeel en gesluit. Amptelik toe, het Oupa gesê wanneer ek gevra het. Ons was wel gereeld in by die kelder. Hier het Oupa gereedskap gestoor. (Niemand het ooit gesê dit was 'n kelder nie, dis wel hoe dit vir my gevoel het, 'n spesiale vloer, laer as die grasperk buite, net bereikbaar deur 'n agterdeur of 'n sydeur.) Vertrekke met sanderige vloere en baie spinnerakke het dit laat voel asof ons ondergronds was. Vensters, baie laag buite, baie hoog binne, het strale lig gestuur waarin die stof ongestoord rondbeweeg het. Ek sou vir ure daarna kon staar, maar die niesbuie het my laat vlug tot buite of na die volgende vertrek. Hier het verlate tafels en stoele gestaan asof 'n oorlog 'n les onderbreek het. Stapels boeke is orals gelos, sommige halfvol geskryf met gekrulde letters uit vulpenne, paragrawe waarvan ek niks verstaan het nie, ander gebind met dik gare en oorgetrek in leer, hier en daar 'n naam in goud op een van die hoeke, artikels uit koerante, foto's uit tydskrifte, met moeite geplak en netjies met ink omraam. Hier en daar was onderskrifte, elkeen in 'n netjiese handskrif. Hoekom het niemand dit kom haal nie? Het geeneen hierdie boeke nodig nie? Ek kon elkeen van my boeke opnoem, titel en skrywer, en waar elkeen staan op watter rak! Wat moes gebeur het dat mense hul werk en idees net so agterlaat?

In my skoolboek het geskiedenis bestaan uit Jan van Riebeeck se onwelkome aankoms, Bloedrivier en 'n groot gemors met die Engelse, 'n kakie-affêre – geromantiseer om ewige lojaliteit uit 'n leerling te pers – wat my so afgeskrik het dat ek vandag elke los oomblik spandeer om deur die wêreld te reis en die verlore verhaal van onsterflike literatuur, kuns en musiek, die wreedheid van die magtige kerk en die bloeddorstige adellikes, ook die prag van die magtige kerk en die bloeddorstige adellikes, die ondenkbare op-offering en armoede wat families geslag na geslag hul lewens laat wy het aan die oprig van 'n enkele paleis of katedraal waarna ons vandag in ons miljoene swerm, self te leer ken. Hoe anders sou my lewe dalk wees as ek in 'n klas in Ferguson se kelder kon sit met 'n vulpen en 'n leerbedekte boek, my naam voorop in goue letters, terwyl iemand my die waarheid vertel oor die vakgebied wat nou my grootste passie is?

Die swembad. Hier het ons op warm dae met die familie (ek het nou twee boeties gehad, Magdel het 'n sussie en 'n boetie gehad, af en toe was nog neefs en niggies by, ons was 'n klomp!) gekuier op handdoeke en onder sambrele. Pad-af, agter die piepklein huisie het Ouma hoenderdye, mielies, wors en tamatie-en-uiebroodjies op die kole gesit, daarna is dit in groot metaalbakke aangedra. Ek kon nie swem nie (daar was vele pogings, ook formele swemlesse, geen sukses) en ek kon direkte son nie verdúúr nie, maar ek was mal oor die opblaasmatrassies op die water, die vlerkies om my arms, die plastiekeend om my middel, my rooi sonbril en die sambreel met die wolke. Hierdie goed is iewers ontwerp deur baie moderne mense, dit was van plastiek in skokhelder kleure, bedruk met wilde patrone, gevul met sterre en geen chloor op aarde kon die reuk van nuutheid verdryf nie, dit was soos konsert hou, daar was genoeg visuele vreugde om hierdie uiters fisieke aktiwiteit draaglik te maak. Tot die dag dat Pa se geduld hom finaal verlaat het en hy my sonder my opblaasgoed in die swembad gegooi het. Dit was hoe hy eertyds self leer swem het in 'n plaasdam. Ek het nie eens probeer swem nie, ek het die Here bedank vir alles en gekyk na die krake op die swembad se ligblou bodem. Almal het gegil, onder die water het dit geklink soos 'n engelekoor, ek het vir 'n oomblik gewonder hoekom ek nie 'n harp kon hoor nie, toe het Pa my uitgeduik.

Dit was my laaste kuier langs die swembad. Maar daar was steeds water teenwoordig, Ouma-hulle se klein huisie was direk langs 'n rivier, dieselfde een wat deur Donkiebos gevloei het. Dieselfde helder water, dieselfde gladde klippe, dieselfde dansende ligspikkels, dieselfde stokou bome wat met rumatiek-arms 'n groen dak oor die rivier gevorm het. Hier het ek en die niggies – die seuntjies wou nooit nie – rituele uitgevoer, tragedies opgevoer, gebalanseer op groot klippe en geklee in wit lakens die boomgeeste probeer wakker maak. Ure en ure is ons gelaaf deur hierdie kalm stroom, ook snags wanneer die water onder die kamervenster bly prewel het.

Ek het wel die swembad gesien met elke kuier, kort of lank, soveel keer as moontlik het ek alleen gestap om te kom kyk na die toegerankte huis. Soos alle ander geboue op die kampus was dit leeg tydens vakansies. Ek was nooit binne nie, dit was nie nodig nie, ek het op die gras gesit en my verwonder. Die feit dat grootmense, volwassenes – hulle wat heeltyd lol, karring, kommentaar lewer, reëls maak, beter weet – toegelaat het dat klimop uit die aarde groei en elke millimeter van hierdie huis bedek totdat net die vensters nog sigbaar was, dat iets wat onprakties en nutteloos was, en boonop spinnekoppe lok en dalk 'n geut kon verstop, onaangeraak gebly het sodat dit net aanskoulik kon wees, dit het my verstand te bowe gegaan. Hier was dit voor my: geskiedenis wat ek wou ken.

Ek sal eendag sterf in die huis waar ek nou sit en tik. Dit het my sewentien jaar geneem om hom te laat verdwyn onder die klimop. Niemand kan hom sien nie. Sommige dink hulle kan, maar bly skrikkerig en los ons uit. Ek kan nooit weer verhuis nie, daar is te min tyd om ooit weer so iets te laat gebeur.

Skadu Een, weer

Eerste pouse is 'n minuut gelede verby. Ons staan in rye voor die skool se sy-ingang en wag vir die aankondigings. Die kind voor my ruk sy kop na regs.

Wat is daai? vra hy.

Almal ruk hulle koppe na regs. Aan die oorkant van die speelgrond is 'n nou paadjie, geteer en afgerond met twee dun rytjies sierstene. Dié paadjie lei na 'n kleinerige gebou met twee musiekkamers. 'n Figuur is nou aan die beweeg op dié paadjie. Dis 'n vrou. Absoluut regop asof sy aan 'n stellasie vasgeskroef is. 'n Lang, oopgeknoopte roesbruin trui hang tot net onder haar knieë. 'n Lang roesbruin bloes met 'n manskraag hang tot net bo haar knieë. 'n Lang roesbruin romp hang tot net bo haar enkels. Hierdie tipe romp het gewoonlik 'n rek om die middel gehad en baie lap is ingeryg om plooie te vorm wat kon uitskop met die stap. Weens die lang trui en lang bloes skop die romp nie nou uit nie, dit hang dik en ongemaklik, asof daar goedere onder vasgewerk is, iets wat oor 'n grens gesmokkel moes word tydens 'n vergange oorlog. Die figuur eindig in wit kouse en rooibruin toerygskoene met lae hakkies. In die hand naaste aan ons is 'n kierie. Die kierie en die verste been tref die grond gelyk, dan lig die hele liggaam op en die been in die middel skop reguit vorentoe. Wanneer hierdie been sak, sak die hele liggaam. Ons staan asof gehipnotiseer. Iets uit 'n tekenprent het ons kom vermaak.

Dis die nuwe musiekjuffrou, sê Christina.

My hipnose verdwyn onmiddellik. Strate verder gryp gretige hande Die Skadu bokant my klavier en ruk dit, nee, rek dit tot bokant die musiekkamer. Ek vlug die skoolgebou binne.

Tweede pouse het elke kind 'n stok. Almal oefen die stappie, been en stok af, lyf op, been uit, been sak, lyf sak, dis nie maklik nie. 'n Paar kry dit reg, 'n paar klap hande en almal moet dié middag ná skool bly vir strafsit.

Ek was op daardie stadium reeds deur 'n skare musiekonderwysers, privaat dames onder en bo in die dorp, jong juffrouens by die skool, proefonderwysers, aflosonderwysers, sommiges beskaafd, sommiges kwaai, sommiges banger as ek, ander volkome sonder insig of talent.

Hoe Juffrou De Rotterd by ons skool beland het, kon niemand verduidelik nie. Sy was uit 'n ander land.

Van 'n draak afgeval, was Jacques se verklaring ná die eerste sangklas.

En hard geval, sê die lang kind wat al kon rook intrek, Dis hoekom die been en die lippe nie werk nie.

Juffrou De Rotterd was oorspronklik uit Holland, hoe ver sy moes swerf en vir hoe lank sy moes verdwaal om ons te vind, sal ek nooit weet nie. Sy was 'n lang vrou, elke dag aangetrek in 'n ander lang hemp, lang trui en lang romp, almal in presies dieselfde kleur, ougroen, oublou, ourooi of ougeel. 'n Strak blok silinder uit wol en weefsels. Sy het geen oogkontak gemaak nie, al moes sy vir dertig minute dertig kinders leer sing, kon sy almal miskyk. Haar klein ogies het gesak, gelig, gedwaal, maar nooit enige ander paar oë raakgekyk nie. Asof betower, het ons almal dieselfde begin doen, oogkontak met haar vermy. Tot vandag sal geen slagoffer kan beskryf hoe haar hare gelyk het nie, 'n grys vaagheid wat iewers bo haar oë nesgemaak het. Die lippe kon niemand miskyk nie. Dun lippies wat presies op en af beweeg het soos die aarde se eerste robot, twee wensbeentjies uit die karkas van 'n pasteihoender, oorgetrek met dieselfde hoender se vel. Die vel het geplooi en gevou terwyl sy gepraat het.

'n Mens noem dit prewel, het Joy gesê.

Niemand kon hoor wat sy sê nie. Dit was te sag en die Hollandse aksent was onverstaanbaar, Ons het probeer liplees, maar kon niks wys word nie, daar was net robotbewegings, effentjies op en effentjies af.

Aandag, aandag! het sy woedend gefluister. Dan het almal geraas soveel as wat hulle kon. Ná skool moes ons aanmeld vir strafsit.

Juffrou De Rotterd was ons tronkbewaarder. Orals waar sy gegaan het, is verwarring gesaai, sy was woedend en iemand moes kom strafsit. Sondae was die eredienste vol, want almal het geweet dinge gaan skeefloop, niemand wou dit mis nie. Sy was die nuwe orrelis en het haar eie idee gehad oor tempo's, inleidings en tussenspel. Sy het gedurig losgetrek met die verkeerde gesang, ons het na ons gesangboeke gestaar en probeer uitvind waarmee sy besig was, dan het sy skielik opgehou speel, omgedraai, haar hande geklap en met die wensbene geprewel, Weer! Weer! Kinders het onder die banke ingeduik soos hulle gelag het. Dominee het gesug en gesê, Dankie. Sit maar.

My eerste musiekles was soos wanneer 'n gevangene die leier van 'n nuwe planeet ontmoet. Juffrou De Rotterd het regs van die klavier gesit, regop op 'n houtstoel, die kierie het teen die vensterbank geleun. Daar was geen opkyk, geen groet.

Sit, kind. Wys my waarmee is jy besig.

Ek sit voor die klavier. My hande bewe. Ek maak die boek oop. Unisa Graad Twee. Die stuk begin met 'n vierklank, drie note in die regterhand, een in die linkerhand. Ek speel die akkoord.

Stop!

Haar linkerhand beweeg na die klavier, die wysvinger na voor, die duim en die middelvinger gebuig om 'n sirkel te vorm, die hand is nou 'n rewolwer. Die rewolwer druk teen my pols totdat ek dit lig.

Weer!

Akkoord.

Stop!

Weer kom die rewolwer. Weer is my posisie verkeerd. My postuur is verkeerd. Die krag moet uit die skouer kom, die pols moet styf wees, kliphard, jy speel nie met 'n vlieëplak nie, jou vingers doen die werk. Vanaf die skouer tot by die hamer van die klavier is een sterk meganisme, daar is geen los of pap dele in die middel nie.

Weer!

Akkoord.

Stop!

Rewolwer.

Uiteindelik lui die klok. Daar was te min tyd, ek moet na skool bly vir musiekteorie.

Wie het vir jou les gegee? Jy is beroof van enige tegniek!

Geen groet, die rewolwer wys na die deur.

Jy moet nóú hardloop, sê ek vir die meisie wat buite wag. Twee weke later staak sy haar lesse.

Ek kon niks staak nie. Ons omstandighede was skielik anders, heeltemal anders. Pa het besluit hy wil 'n predikant word, dalk net op die radio, dalk net in boeke, dit was sy droom, teologie. Hy gaan studeer in Stellenbosch, in die week is hy weg, hy woon op Stellenbosch, soms op Wellington by Ouma-hulle. Hy kom net naweke huis toe, staar elke aand met slap oë na dik boeke, Grieks en Hebreeus, Ma bly wakker om te help en aan te moedig.

Wat ook al die beplanning was, indien enige, binne maande is ons sonder geld. Ons skraap die bodem van elke voorwerp en oppervlak om te oorleef. Die armoede kom klop soos familie wat hul huis verloor het. Ma maak planne, sy is alleen met ons vir vyf dae elke week, sy moet begin werk. Sy was 'n onderwyseres voor my geboorte en begin uithelp by 'n kleuterskool op 'n plaas naby die dorp. Sally help in die huis en kyk na Erik terwyl ons in die skool is. Niks bly 'n geheim op 'n dorp van dié grootte nie, mense begin bydra, mandjies groente, beskuit en emmers vol vrugte word afgelaai asof almal ou vriende is. Ek skaam my dood, maar daar is nie tyd om lank oor enigiets te tob nie, Pa het 'n droom en ek het 'n skaduwee.

Juffrou De Rotterd was op my spoor asof sy 'n boodskap ontvang het, niemand kan my red nie, daar was teorie in die namiddag, oefen tot die son sak, klavierles met die rewolwer twee maal per week. Sy het besluit ek ly te min en het gereël dat ek klavier-eksamen gaan speel in Piketberg. Ek kon nie wegkruip of opgee nie, klavierlesse het geld gekos en ek het geweet die hele gesin maak opofferinge om my te help. Ek het geweet dat dit niks te doen gehad het met my planne nie, maar dit was my enigste band met Die Iets. Die Iets het geen vorm of kenmerk gehad nie, daar was geen beskrywing nie, dit was die manier waarop ek eendag sou funksioneer, dit was Die Iets wat gesorg het dat ek nou met iets doenig was wat geen ander seun op die dorp kon of wou doen nie, Die Iets was myne, dit was die klanke wat ek eendag sou voort-bring, die manier hoe ek sou lyk, die onbekende beeld of gedaante wat gewag het dat ek hom uit die gekose klip kap en lewe gee. Die

Hollandse robot het my aan 'n leiband beetgehad, daar was geen uitkoms, as die wensbene gepraat het, het ek gehoorsaam.

Sondae het ek my eie musiek gespeel, voor die klavier gesit en probeer orde skep uit dit wat vrylik deur my kop gespoel het wanneer niemand naby was nie. Ek het gespeel sonder vrees, rit-mes en patrone gemaak, ek het al die klawers van die hoogste tot die laagste gebruik, ek het die pedale gebruik en die deksel oopgemaak.

Hou op met die geghlar-ghlar! het Ma uit die kombuis geskree. (Dit was haar eie woord, dit was hoe my gespeel vir haar geklink het. Sy het my eksamenstukke geduld, of sy ooit daarvan gehou het, sou ek nooit weet nie. Sy het wel gevra dat ek iets speel wanneer iemand kom tee drink het, nie dat enigeen langer geluister het as die eerste paar note nie.)

Heelwat later het ek begryp dat die klavier vir haar 'n moontlik-heid was tot prestasie, 'n weg tot 'n doel, 'n vaste posisie en 'n vaste inkomste, iets waarna sy gesmag het noudat ons (sonder 'n sent) moes bly glo Pa se studies sou lei na 'n makliker lewe.

Dis weer Sondag. Ek speel 'n dramatiese akkoord, iets wat 'n gordyn kon laat oopswaai en 'n figuur in 'n mantel vol stene – baie meer duursaam as dié van die dokter se seun – in 'n kollig sou laat verskyn. So 'n akkoord sou 'n duisend mense na hulle asem laat snak, hulle laat opspring en hande klap terwyl trane van aandoening oor hul wange stroom.

Dis die dag van die Here! skree Ma, Speel 'n halleluja of los dit! Wat van "I Walk in the Garden Alone"? Dis mos gepas!

Ek gaan lê onder die wilgerboom. Hier kan Die Skadu nie in nie. Hier gaan ek nie weer uit nie. Totdat Ma ons roep vir ete.

Pa bly 'n dag langer sodat hy my Piketberg toe kan neem vir die eksamen. Ek is so bang dat ek nie praat nie, ek nie 'n woord kan sê nie. Hy vertel my hoe moeilik dit vir hom is om al sy vakke te leer, hoeveel respek hy nou het vir mense wat deurdruk, dis hulle wat beloon word. Hy sê dit maak nie saak hoe slim of dom iemand is nie, en of hulle baie min talent het nie, as hulle hard genoeg werk, sal hulle uitstyg bo hulle omstandighede. Hy sê ons is nederige mense van nederige afkoms, maar daar is geen rede dat ons bywoners hoef te bly nie, ons hoef nie ons lewe lank te sê, ja, baas, dankie, baas, nie. Niemand is geskape sodat iemand elke dag in hulle nek hoef te blaas nie. Ek knik net.

In Piketberg hou ons stil voor 'n skool. Die bult is só steil, ek is oortuig die motorkar gaan agteruit begin loop. Ons klim uit.

Moet ons nie klippe agter die wiele pak nie? vra ek.

Pa lag.

Ek het hom self reggemaak, hy gaan nêrens heen nie.

Ons stap deur die hek. Die musiekkamers is net 'n paar treë na links. Voor 'n donkerbruin deur sit 'n vrou agter 'n tafeltjie met 'n potjie sweet peas en 'n hoop vorms. Sy groet vriendelik en sê ons kan sit en ontspan, dis nog 'n paar minute voor ek kan ingaan. Sy sê daar is gangaf 'n ander klaskamer met 'n klavier, wil ek dalk 'n bietjie gaan oefen? Ek skud my kop. My hele lyf is pap, ek is te swak om nog te oefen, ek gaan enige oomblik oplos, disintegreer, ek sal maar net wag, wat maak dit saak van watter klavier hulle my oorblyfsels moet skraap?

Pa en die vrou gesels heerlik.

Oeps! sê die vrou, Ek lag te lekker, netnou hoor hulle my!

Die donkerbruin deur gaan oop en 'n lang skoolmeisie met 'n selfversekerde glimlag stap by ons verby.

Jou ouers drink tee oorkant die pad, sê die vriendelike vrou, Ek hoop dit het goed gegaan.

Geen foute, sê die meisie en verdwyn.

Die vrou staan op en loer by die kamer in. Sy knik.

Jy kan maar ingaan, sê sy vir my.

'n Propeller met rooi en blou strepies groei uit haar kop en begin in die rondte draai, vinniger en vinniger totdat daar 'n groot pers sirkel is. Ek probeer my bene voel. My pa steek 'n harige klou uit om my te help, hy het twee harige ore bo-op sy kop, pikswart snorbaarde en 'n lang stert. Die stert swaai heen en weer. Hy maak sy mond groot oop en sluk die tafel met die sweet peas in, Hy lig my op en gooi my by die kamer in. Die deur slaan toe.

Ek lig my kop op en soek my boek.

Hier het jy nie 'n boek nodig nie, sê 'n aangename, warm stem.

Voor my staan 'n pikswart regopklavier. Langs my is 'n lessenaar waaragter 'n vrou met 'n wilde bos liggeel hare staan. Sy steek haar hand uit en gryp myne.

Ek kom uit Kaapstad, sê sy, Heelpad net om jou te hoor. Jy moet ontspan, vrees bring twyfel en foute, jy sien skielik goed wat nie waar is nie en vergeet goed wat jy al lankal weet. Ek is seker jy ken jou storie, maar jou ogies lyk soos 'n muisie s'n. Net voor die arend sy mond toemaak.

Ek staan verstom.

Haahaahaa! lag sy, My naam is Helena. Ek eet nie muise of kinders nie. Haal diep asem en dan gaan sit jy. Ek dink ons los die toonlere tot later. Ons luister eers na jou stukkies. Watter een is jou favourite? As jy nie een het nie, vergewe ek jou, niemand weet wie kies hierdie goed nie! Haahaahaa!

Die wals, sê ek. Ek kan nie glo ek het 'n stem nie.

Speel hom, sê Helena, Voer my weg!

Ek speel die wals. Toe die volgende stuk, toe nog een. Ek speel my toonlere sonder 'n enkele fout. Ek beantwoord al die vrae met my wind-deur-die-los-venster-stem. Ek maak selfs 'n grappie. Dis my heel eerste keer met iemand vriendelik en 'n regopklavier in dieselfde vertrek.

Haahaahaa! lag Helena, Ek hoop ek sien jou volgende jaar!

Die motorkar is nog steeds daar toe ons buite kom. Ons stap oor die pad tot by 'n klein restaurant. Die selfversekerde meisie sit met haar ouers by 'n tafel. Pa koop vir ons elkeen 'n roomys, wit balle op 'n kabouterkeppie. Ons ry terug Porterville toe. Ek praat weer nie, maar hierdie stilte kom uit 'n ligter hart, voor die swart klavier het ek my 'n oomblik verbeel ek weet hoe Die Iets lyk.

Drie weke later sleep ek my voete na die musiekkamer. Al die kinders is reeds huis toe, 'n paar seuns raas op die rugbyveld, ek moet nou vir 'n uur luister terwyl die wensbene my vertel hoe uitputtend dit is om te sit en kyk na my swak teorie.

Die robot groet nie. Op die tafel lê 'n lang koevert. Sy tik met die rewolwer daarop.

Neem dit na jou ouers, sê sy.

Die rewolwer wys na die deur.

By die huis wag ek tot ná aandete, huisgodsdiens en die aand-storie.

Juffrou De Rotterd stuur dié, sê ek en sit die koevert op die kombuistafel neer.

Ma maak dit oop en lees lank, van bo tot onder, elke woord. Dis die uitslae van my klaviereksamen. Ek het volpunte. Die enigste kandidaat wat dit daardie jaar kon regkry. Helena skryf ek is begaafd. Ma vee die trane onder haar oë weg.

Sien jy, sê sy.

Skadu Drie

My slaapkamer was morsdood, hoe hard ek ook al probeer het, daar was geen verlede, geen name, geen stemme, daar moes tog iemand hier gewoon het? Was dit voorheen 'n stoorkamer? Ek het begin om my tyd op ander plekke deur te bring, hoeke en kolle waar daar minder eensaamheid was. Al het ek dit die meeste van die tyd verkies om op my eie te wees, moes ek voel ek is naby 'n storie, of dit verby is en of dit nog moes gebeur, het geen verskil gemaak nie, die mees verlate plek kon 'n lewende ruimte wees en daar het ek beter gevoel.

Hierdie bewustheid van gebeure, agtergeblewe emosies, vreugde wat tussen mure bly woon het, skok of hartseer wat agter skilderye bly skuil het, het my gemoedstoestand meer en meer beïnvloed, ek was soms buierig, ander tye onnodiglik angstig, af en toe diep teleurgesteld ná dae se onverklaarbare afwagting. Eers as 'n onafhanklike grootmens het ek besef hoe erg hierdie toestand was. Ek moes trek van woonstel na woonstel om te ontdek dit was die nabyheid van ander wat my elke dag moeër laat voel het, twis, emosionele geweld, jaloesie en agterdog het deur die mure gesypel en gesmeek vir my aandag. Ek moes in ruim huise op ruim erwe gaan bly voordat ek dit kon bekostig, tot vandag toe is ek gedaan ná 'n week in 'n hotel of 'n paar dae in 'n vakansiewoonstel.

Op laerskool kon ek dit nog nie verwoord nie, ek probeer nou: Alleenwees is heerlik en nodig. Vir my is dit lewensnoodsaaklik, maar ek moet ook terselfdertyd na aan 'n teenwoordigheid wees. Of hierdie teenwoordigheid my aantrek of afstoot, is nie altyd vinnig duidelik nie, dit neem tyd om dit uit te vind.

So was ek al hoe meer op my fietsie. Ek het geen idee hoekom ek dit nie as 'n fiets kan beskryf nie, dalk was ek te vet of besig om te groei, in my herinneringe was dit nog altyd 'n fietsie. Ek het deur die hele dorp gery, sommige weke elke dag, andersins soveel as moontlik. Daar was nie 'n straat wat ek wou vermy nie, orals was ek gelok deur intriges, byna tasbare geheime, rykdom wat op 'n skokkende manier weggevat is, 'n lang siekbed, 'n moeilike geboorte, 'n skelm liefde of 'n verstote siel. By sulke adresse het ek stadig verbygery, soms gestop en gestaar. By bekendes het ek aangeklop en lank gekuier, hoe ouer die inwoners, hoe lekkerder die besoek, hulle het sonder om te dink 'n taak laat eenkant lê en jou hartlik ontvang. Tussenin was die dooie ruimtes, bewoon of onbewoon, 'n paar van hierdie kon ontwaak as die broeikaste van boosheid, maar dit het snags gebeur wanneer die strate leeg was.

Oorkant die skool was 'n huis op 'n hoek, ons het eens op 'n Saterdag-aand hier gekuier, ek onthou dat die vrou gevra het hoekom ek so stil was en my ma het verduidelik dat ek die vorige aand pak gegee is.

Ek kon gangaf hoor hoe smeek hy, het my ma gesê, Nee, Pappa, asseblief, Pappa, moenie, Pappa!

As hulle nie wil leer nie, moet hulle voel, het die vrou gesê.

Dit het gevoel asof ek die verkleinering uit 'n granaat gebreek en oor my gesig gesmeer het. Daardie huis het 'n dooie ruimte geword. Niks, niks, hou verby. Af met die straat op pad na die skougronde, dan stadiger verby Oom en Tannie Wikkie se huis. Hulle huis was aan die voorkant van 'n stuk grond vol pruimbome. Klipharde grond, klein agterstoep, 'n kombuis vol melkterte onder gaaskoepels, die heerlikste melkterte wat ooit geproe is. Niemand kon die resep naboots nie. Daar is rondvertel van die vrou in Velddrif wat brandewyn in haar kies geskommel en dan in die beslag gespoeg het. Dalk was dít Tannie Wikkie se geheim. Sjoe, sies! was die reaksie, maar die bestellings het bly instroom.

In die systraat was die nuwe pastorie met die mooi predikant. Hy het sonder vrou opgedaag, in daardie dae ongehoord. Daarna het iemand hom op 'n handdoek sien sonbrand. Tonge! Tonge! Later het 'n vrou verskyn, een met 'n broekpak. Nog meer tonge!

Hoe nader aan die skougronde, hoe kleiner het die huisies geraak, klein vierkantjies met lae dakke, hier het die mense op houtstoeltjies voor die agterdeur gesit, groente geskil, ertjies uitgedop, bukkend die kombuis ingestap wanneer die baksel beskuit uit die oond moes kom. Hier het die anysreuke, stories en die geraamtes letterlik oor die tuinhekkies gehang, gretig om jou in te nooi.

Aan die einde van die straat, die skougronde. Hier het ons in sirkels gedans tydens die oesfees, elkeen met 'n rooi serpie. Ook: hier het my voet gegly op die boonste trappie van die pawiljoen, dit was tydens 'n jaarlikse atletiekdag – ek moes trekklavier speel vir die Witspan – en soos wat ek bly afrol het, het die trekklavier

Whêêê! geskree elke keer dat ek op my rug was. Maar ek het aan-
hou terugkeer, tydens die landbou-uitstalling is die beste hoen-
derpasteie in die skousaal verkoop, warm, slap boepens-sirkels
met effens-te-rou deeg (ek vermoed die aanvraag was te groot
vir klaarbak) en 'n romerige vulsel met die reuk van naeltjies en
neutmuskaat.

Langsaan was die tennisbaan. Hier moes ek op 'n stadium vir 'n
hele naweek 'n tenniskamp bywoon. 'n Kort vroutjie met mans-
hare en seningbene het gesweer sy sou my van die sopskeppery
genees. 'n Masjien wat gelyk het soos 'n groen oond het eenduisend
balle in my rigting gespoeg. Ek het elkeen tot in die straat geslaan
en is op die tweede dag gevra om te gaan. Langs die seningvrou
se sak het 'n splinternuwe handdoek gelê. Ek het dit gevat en vir
Knopieshoed Koos, ons enigste boemelaar, gaan gee.

Direk langs die tennisbane was 'n stofstreep, die jukskeibane.
Dooie ruimte, hou verby. Op die volgende hoek het 'n groot huis
in 'n groot tuin gestaan. Krismisrose, roosbome en enkele dwerge
het gesorg dat alles wat mooi kon wees, met mekaar baklei het.
Blykbaar was daar baie, baie geld in hierdie familie, maar hulle
is nooit gesien nie. Dié huis het my nader getrek, die hartseer het
hier gehang soos wolke aan 'n wasgoedlyn. Maar ek moes verby-
ry, hier was geen bome of ander wegkruipplek nie, net pyn, heel-
temal onvanpas in 'n oop, sonnige tuin waar al die plante aan die
stry was.

Verder af in die straat was daar wel bome, meer en mooier as in
enige ander straat. Op een van die hoeke was 'n skakelhuis. In die
een deel het daar 'n paar jaar vroeër 'n onderwyser gewoon. Een
aand het 'n wandelende tannie deur 'n oop venster gesien hoe die

onderwyser 'n skoolseun soen. Sy het nie die polisie geroep nie, wel die predikant. Die seun het sy matriek op 'n ander dorp gaan skryf en die onderwyser het verdwyn. Daarna het 'n maer oom by die skakelhuis ingetrek. Hy het elke dag op die voorstoep gesit en messe slyp. En vir almal wat verbygekom het, geskree, Wat kyk jy? Al het niemand gekyk nie.

Een middag, ná nog 'n tog deur die dorp, ry ek traag huis toe. Ek is nie lus vir my dooie kamer nie, ook nie vir die klavier nie. Vandat Pa studeer en ons geld op is, kan nie eens die wilger my meer wegsteek nie. Ek moet die heeltyd help, take verrig, wys dat my huiswerk wel gedoen is, ek word nie uitgelos nie. Sally kom ook minder gereeld skoonmaak. Ek en Ma sit kort-kort vas, oor enigiets, kos, klavier oefen, sakgeld, radio luister of ligte afsit. Ek maak my fietsie teen die stoep staan en loop by die voordeur in. Ma staan in die gang met 'n stoflap.

Waar was jy? vra sy.

In die dorp, sê ek.

Dis Vrydag, sê sy, Jou pa is oor 'n uur hier en ek het niemand om my te help nie.

Waaaaa! skree Erik uit die kamer.

Ma stap kamer toe, ek is agterna.

Erik staan regop in sy speelhok. Hy wil uit, maar dis waar hy moet bly wanneer daar niemand is om hom dop te hou nie. Hy huil nie, hy skree net.

Waaaa!

Speel met jou goed, sê Ma, Pappa kom nou.

Waaaaa!

Ma buk vooroor en raps hom op sy boud. Dis 'n ligte raps, Erik sou dit nie eens voel nie, maar die bakhand laat sy doek 'n plofgeluid maak. Hy skrik en bly vir 'n oomblik stil. Toe begin hy huil, kop vooroor met 'n rivier van trane.

Moenie my boetie slaan nie! sê ek woedend.

Wat sê jy? sê Ma.

Moenie hom slaan nie! skree ek, Mens slaan nie aan 'n kind nie! Julle slaan almal!

Ek sal my kinders grootmaak soos ek goeddink, sê Ma.

Ek is buite myself. Ek moet nou iets verskrikliks sê. Ek onthou 'n woord, ek weet nie wat dit beteken nie, maar ek weet dis erg.

Hoer! skree ek. Toe draai ek om en hardloop. Ek weet ek is dood.

Wat het jy gesê? roep Ma agter my, Wag tot jou pa by die huis kom!

Ek jaag met my fietsie, af met die grondpaadjie, af met die straat, links, regs, aan en aan. Sou inwoners van die laaste huise deur hul vensters loer, sou hulle die skadu bokant my sien sweef, 'n donkerte met skerp punte soos die geskeurde jas van 'n heks. Ek is by die dam. Ek klim van my fietsie af en begin dit teen die wal op sleep.

Die dam was net buite die dorp, aan die een kant was 'n paar hoë bome en 'n stuk grond waar mense kon parkeer, die res van die dam is omhels deur 'n hoë wal vol plante wat hul bes probeer het om riete te wees, dun pypies wat jou lelik kon sny wanneer jy vergeet het om dit weg te stoot.

Ek lê plat. Tussen hierdie groeisels sal niemand my sien nie. Skadu Drie flap rondom my.

Voertsek! fluister ek.

Skadu Drie bly. Ek lê bewegingloos. Ek kan nooit weer terug nie, hulle sal my doodmaak. Wat het ek gedoen? Waar kom daai woord vandaan? Kon Die Prins dit hoor? Kon die huisengel dit hoor? Vir ewig en altyd sal ek brand in die vlamme.

Die son is aan die padgee toe ek wakker word. Ek kan nie sien of Skadu Drie weg is nie. Het niemand my kom soek nie? Wou hulle dit nie hier doen nie? Begaafde kind doodgeslaan op damwal, ek kan dit sien voor op elke koerant. Waarheen gaan ek nou? Dit raak donkerder, oor 'n uur kom die mense wat wil skelmpraat in hul karre, die skomkoppe wat stinkzol rook tussen die wrede pypies, Mal Henry wat sy vlot kom roei, wil ek hier sterf of by die huis?

Dis sterk skemer toe ek my fietsie by die grondpad opstoot. Ek wil nie hê iemand moet my hoor nie. Pa se kar staan voor die motorhuis. Ek gaan bêre die fietsie in die pakkamer en sluip oor die stoep tot by die voordeur. Pa en Ma en Ian en Erik se stemme is in die eetkamer. Ek sluip deur die sitkamer, af met die gang tot in my dooie kamer. Ek sit nie die lig aan nie, ek klim met my klere en vuil damvoete in die bed en bêre my kop onder die kussing. Ná 'n minuut klim ek uit en maak die bed weer netjies. Ek seil op my maag tot onder die bed.

Die volgende oggend word ek wakker van die grassnyer se gebrom. Ek het vergeet ek is onder die bed en stamp my kop hard teen die planke. Ek huil 'n klein bietjie en bly lê. 'n Paar minute later is daar 'n klop aan my kamerdeur.

Kom eet jou Post Toasties, sê Ma, Dan gaan help jy vir Pa om die gras op te tel.

Ek het die hele dag en die volgende dag gewag op my vonnis en teregstelling. Daar was niks, niemand het 'n woord gesê nie. Ek is nooit weer geslaan nie. Die lewe het sy treë gegee asof niks gebeur het nie. Maar daar was ongemak, Skadu Drie het in die nabyheid bly lê soos 'n deursigtige verwyt (van wie se kant? myne? almal s'n?), gereed om die kleinste onmin in 'n storm om te toor.

Veertig jaar later is ek 'n sanger, dikwels op pad na 'n vertoning presies op die tyd dat 'n namiddag begin verkleur en bekende skaduwees hulle vorm verloor. Steeds sien ek dit, daar tussen die laaste huise voor ek moet wegdraai na 'n teater, die vlekke wat hang en duik, verskyn en verdwyn met skerp punte soos die geskeurde jas van 'n heks.

Juffrou Snyman

Was dit nie reeds tien jaar vroeër in 'n rolprent gedoen nie, sou Juffrou Snyman sekerlik met haar lang rok, lang jas, hoed, serp, handskoene, stewels en sambreel uit die lug op ons dorpie neergedaal het, maar sy was een van die wêreld se min waarlik-oorspronklikes en het dus op 'n ander aankoms besluit. Sy het net verskyn. Ons het een laatoggend niksvermoedend voor die kunsklas in 'n slordige ry gestaan, sy het die deur oopgemaak, na buite getree en met 'n handskoenhand na die deur gewys. Ons het een na die ander in die kosyn vasgeloop, niemand kon 'n gesig wegdraai nie, ons het bly staar na hierdie vrou. Iewers moes iemand 'n storieboek oopgelos het en sy het eenvoudig ontsnap.

Ons het oor ons voete gestruikel en verdwaas rondgestaan, niemand kon onthou waar hulle gewoonlik sit nie, selfs die stoutste van kinders, dié wat onder enige omstandighede kon kwaadstook, was stil.

My naam is Snyman, het sy gesê. (Sy het nooit ooit die woord "van" gebruik nie.)

Môre (mompel, mompel), Snyman, het ons gesê.

Dis Juffrou, het sy gesê, Maar bêre dit vir julle ander lesse, "goeie-môre" is voldoende. Julle is my eerste groep, dus eers 'n nodige taak. Elkeen tel 'n stoeltjie op, dié naaste aan die deur beweeg eerste. Plaas jou stoeltjie buite op die stoep, mooi teen die muur sodat dit niemand pla nie, beweeg dan terug na binne, moenie oor jou vraagteken val nie, daar wag wel 'n verduideliking.

Vyf minute later staan ons weer binne, meer verdwaas as voorheen. Die stoeltjies staan almal buite.

Wanneer ons die kans kry om ons talente ten volle te gebruik, sit ons nie, sê Juffrou Snyman, Dit is ongesond en maak sekeres onder ons ekstra dom, ons staan of beweeg. Julle is welkom om op enige ander plek op aarde te gaan sit, net nie hier nie. Vir 'n begin sal elkeen die werksoppervlak naaste aan hom of haar gebruik. Maar baie gou sal jy ontdek dat dit nie die regte plek vir jou is nie, jy kyk dan rond totdat jy dink jy weet waar jy beter werk sal lewer, stap daarheen en vra jou klasmaat hoflik of julle kan plekke ruil, niemand mag weier nie. Só bly ons aan die beweeg vir 'n paar weke. Ek beloof julle dat elkeen voor die einde van hierdie jaar op sy beste plek sal wees.

Ons staan stom.

Kan iemand my vertel hoekom dit so warm is in hierdie vertrek? vra Juffrou Snyman.

Vreeslose Jacques lig sy hand.

Want dis somer, sê hy.

Juffrou Snyman glimlag.

Hier het ons die eerste deel van die antwoord, sê sy, Buite is dit warm. Binne is dit té warm. Want al die vensters is oop, so ook die deur. Daarom beweeg die lug te stadig, soos wanneer families te veel eet op een slag. As ons sorg dat die deur en ook die vensters aan albei kante van die vertrek net op skrefies oopgemaak is, sal die lug sterker en vinniger daardeur beweeg, ons veroorsaak met ander woorde 'n trek. Sal ons probeer?

Ons druk die vensters totdat elkeen net op 'n skrefie oop is.

Beter? vra sy.

Ons knik. Ons kan glad nie 'n verskil voel nie, maar die idee is só opwindend en maak soveel sin, ons begin glo dat hierdie nuwe vrou enigiets kan regkry. Sy voel dan nie eens temperatuur nie, dis hoogsomer en sy is bedek van kop tot tone.

Tyd om te werk, sê sy, Dink daaraan, elke oggend is daar 'n afstand tussen jou en die skool, maak nie saak waar jy woon en hoe jy uiteindelik die skool bereik nie, maar dit wat jy raaksien op pad hierheen beïnvloed jou gemoed. Elkeen gaan vandag goed daaroor dink en dan uitbeeld wat hom die gelukkigste sou maak. Wat wil jy elke oggend sien op pad hierheen?

Ons bly doodstil staan. Uiteindelik steek Jacques weer sy hand op.

Wat moet ons gebruik? vra hy, Ons ander juffrou het altyd gesê. Kryte of potlood of poeierverf.

Ons hoop sy is gelukkig waar sy nou is, sê Juffrou Snyman, Geen mens mag vir 'n kunstenaar voorskryf wat hy mag gebruik nie, af en toe sal ons op 'n spesifieke materiaal konsentreer om sy vele gebruike te ontdek, maar vandag moet ons geluk vind. Jou oë en jou hande moet kriewel, jou hart moet sing, kyk om jou rond, daar is iewers iets wat wil spring tot in jou arms. Gebruik dít! Maak oop die kaste, onthou daar is ook houtskool en klei en ink en stysel en gips en gom en sand en papier. Knip versigtig, as jy bloei, bloei jy buite.

Chaos. Ons was meteens koorsige katjies in 'n sandbak. Ons het gegryp na alles wat ons kan. Kort-kort het ons omgekyk. Juffrou was kalm by haar tafel besig om boeke uit 'n groot geborduurde sak te haal. Niemand gaan ons keer nie, niemand gaan skree, Sit dit terug! of Nie daardie laai nie!

Ek het onthou dat daar groot opgerolde stukke papier in die lang kas was. Die onderwyseresse het dit gebruik om basaarplakkate te maak. Ek het 'n groot vel gegryp en op die werktafel oopgerol. Ek het ook onthou dat ek buise verf in 'n laai gesien het, dit was altyd net deur die groter kinders gebruik, die res moes klaarkom met die poeierverf. Ek het geweet 'n mens kon dit met water verdun en kleure meng soos dit jou pas. Ek het water in 'n fles gegooi en drie kwaste uit 'n lang houer gekies. Daar was 'n stapel dun plankies waarop jy verf kon uitdruk en meng. Ek het begin met swart verf. Met die dunste kwas het ek die buitelyne van groot blomme geverf. Die hele plakkaat vol. Daarna het ek die stuifmeelsirkels en blare begin inkleur met 'n groter kwas. Met elke blom het ek wilder geraak, later was elke blomblaar 'n ander kleur, die stuifmeel het van geel na pienk en pers verander, groen stamme het blou geword, ander het wit en blou strepe gekry soos matroostruie. Die agtergrond het ek diepblou geverf. Al het ek vas geglo die kunsklas was nou heeljaar koel, het ek van die winter gehou, vroeg opstaan was aaklig, maar dit was baie spesiaal om in die donker skool toe te ry.

Juffrou Snyman het sonder 'n woord deur die klas gestap. Langs my het Estelle gestaan. Voor haar het twee houtblokke, 'n bol wol en 'n hopie vere gelê. Sy het daarna gestaar. Juffrou Snyman het gaan staan.

Enige planne? het sy gevra.

Ek weet nie wat ek wil doen nie, het Estelle gesê.

Dis een van die kenmerke van 'n goeie kunstenaar, het Juffrou gesê, 'n Heerlike wroeging, frustrasie en blokkasie. Gil 'n bietjie, dit help altyd.

Hoee, het Estelle gefluister.

Skoenlappers gil beter, het Juffrou gesê, Klas, ek dink ons moet almal hierdie jong dame help. Maak toe die oë, skud die koppe en gil tot al die frustrasie uit is!

Haaaaa! het ons geskree. So hard dat ons geskrik het.

Weer! het Juffrou gesê.

Haaaaaaaaa! het ons geskree. Dit was wonderlik.

Toe het iemand die deur oopgestoot. Die skoolhoof, 'n maer man met 'n klipharde kuif, het daar gestaan, duidelik verward.

Hierdie meneer het kom kyk hoekom ons klas so heerlik koel is, het Juffrou gesê, En hy wonder hoe ons die krag van skeppendheid oproep. Sal ons hom wys?

Ons het so hard geskree soos ons kon. Haaaaaaa!! Toe het die skoolhoof verdwyn en die deur agter hom toegetrek. Juffrou Snyman het dit op 'n skrefie gaan oopmaak.

Die kunsklas het die hoogtepunt van elke week geword. 'n Gereelde hoogtepunt! Uiteindelik! Dankie, dankie! Een keer per week het Juffrou De Rotterd die vlerke van my jong siel geknip, een keer per week het Juffrou Snyman hulle heelgemaak. Ek het opgehou om te probeer inpas, ek het die oggendritueel van voorskoolse rondstaan en rondstamp permanent verlaat, ek het in die binnehof teen die saalmuur gaan wag dat Juffrou Snyman opdaag, haar uitrustings was ongelooflik, waar kon 'n mens sulke klere opspoor? Wie sou dit maak? Lang jasse uit fluweel of ander lap wat gewone mense net in die aand of na troues sou aantrek, rokke geborduur met tulpe of poue of patrone soos uit die sterrestelsel. Stewelijtjles met kort hakke in ongewone vorme, handskoene uit dun leer, wol, dun hekeldraadjies, serpe in helder kleure, serpe in donker kleure, nekjuwele wat bestaan het uit fyn kettings of veters of steensnoere met voorwerpe onderaan, miniatuurmarionette, gesigte of tossels.

En die hoede. Juffrou Snyman het haar opwagting gemaak die jaar voordat televisie in die eerste dorpshuis verskyn het. Ons het nog nie geweet dat die Britte alreeds 'n klassieke kopstuk misvorm het tot die beveerde, beblaarde, bestrikte kopkewers wat vandag steeds vrouens wêreldwyd ontsier nie. In daardie jare het 'n hoed die kop behoorlik bedek, 'n gesig geraam, 'n nek aksentueer en die styl van 'n elegante of eksentrieke vrou voltooi. Juffrou Snyman was die heelal se laaste vrou wat hierdie moeilike bykomstigheid foutloos en weergaloos kon dra, enige dag, enige plek of tyd, dit was 'n prent om te aanskou.

En sy het opgemerk dat ek gekyk het. Sy het opgemerk dat ek probeer vlieg het elke keer dat sy 'n geskende vlerk tussen my skouers kom terugplak het. Sy het my aangemoedig sonder 'n woord, uitgelos sonder 'n wegstap, geboei soos 'n toneelstuk en bly verbaas.

'n Kind, selfs ouer as tien, bly klein en bly dinge eerstens fisiek beleef. Elke dag het genoeg terugslae en aanslae dat algemene kennis dikwels agterbly. Ek vind eers ná 'n maand of twee uit dat Juffrou Snyman by ons vorige huis ingetrek het. Op 'n dag vra sy my en twee ander seuns of ons haar ná skool kan kom help, sy is besig met 'n projek by haar huis, dis min dat sy so iets sal sê, maar ons moet ons lelike klere aantrek.

Drie-uur dié middag staan ons in die straat. Die huis lyk nog dieselfde. Voor die huis staan 'n massiewe donkerblou motor. Nie so oud soos Meneer Olivier se Pontiac nie, maar wel uit 'n era voor my geboorte. Juffrou Snyman verskyn in 'n lang werksjas met groot knope soos dié van 'n slagter, rubberhandskoene en 'n strooihoed met 'n lint in dieselfde kleur as die motor. Sy kyk na ons lelike klere en kaalvoete en glimlag. Sy maak die agterste deur oop en ons drie klim in. Ons sit geluidloos terwyl sy by die dorp uitry, nie by een van die hoofstraat se twee uitgange nie, maar met 'n nou grondpaadjie wat begin nadat ons verby die skool en koshuis is. Ek kyk nie veel by die venster uit nie, ek kyk na die strooihoed en die twee rubberhandskoene op die groot outydse stuurwiel, 'n prentjie wat ek nooit sal vergeet nie.

Ons hou langs 'n riviertjie stil. Ons klim uit en Juffrou Snyman maak die kattebak oop. Binne-in het sy 'n groot kombers oopgevou.

Ons gaan hom volpak met klippies, sê sy, Elkeen so groot soos 'n handpalm, almal mooi glad. Die nattes bring julle eers vir my, ek sal hulle klad. En julle hoef nie rond te kyk nie, ons het toestemming om hier te wees. 'n Mens het net toestemming nodig wanneer jou planne binne 'n ander man se grense begin.

Neëntig minute later is die kattebak vol rivierklippe. My oortuiging dat niks vir Juffrou Snyman onmoontlik is nie, is sterk, maar ek wonder of ons met hierdie vrag ooit sal kan beweeg. Ons klim in en Juffrou sit haar handskoene op die stuurwiel. Ons ry dorp toe asof ons die kattebak gelaai het met die vere van een hoender. By die huis gryp ons elkeen 'n paar klippe en volg haar na die voordeur. Sy stoot die deur oop. Ek kan nie glo wat ek sien nie. Die Vyf Gate Met Aanhoudende Akkoord is nou 'n goue sfeer gevul met planete, mane, sterre, water, blare, meerminne en ander onbekende wesens, almal geskilder in oranjes, gele en bruine teen 'n goue agtergrond, oor die hele vloer, op teen die mure en dan geleidelik dowwer teen die plafon asof daar 'n versteekte uitgang was.

In die sitkamer is die houtvloer weggesaag in die vier hoeke, vier driehoekige holtes wag daar.

Die klippe word in die hoeke gepak, sê Juffrou, Julle kan maar net indra.

Sy vou 'n klein kombersie voor die eerste driehoek en gaan sit op haar knieë. Sy haal die strooihoed af, haar hare is met linte gevleg tot 'n sagte formasie bo-op haar kop. Sy pak die eerste klippe en kyk om na ons. Ons sluk diep en hardloop motor toe.

'n Uur later is die sitkamer se hoeke gevul met rivierklippe. Dis nie netjies of plat gepak sodat iemand daaroor kan loop nie, dit lyk asof dit vanself daar beland het, ongewone driehoeke gevul met verskillende skakerings van liggrys. Die houtvloer lyk nou asof dit buite die huis is, 'n aghoekige landingstrook vir 'n onbekende tuig.

Menere, ek bedank julle met tee en koekies wat ek ver van hier leer maak het, sê Juffrou.

Ons volg haar kombuis toe, ek kan nie glo ek het hier geëet saam met Pa en Ma en Ian en Erik nie, alles is onherkenbaar. (Met elke volgende besoek was die huis anders, selfs die goue sfeer is kort daarna vervang met 'n spierwit kalmte.) Ons sit by die tafel. Juffrou hou 'n vierkantige kleinbord vol koekies uit na elkeen van ons. Ek neem 'n koekie, dit lyk en ruik na gemmerkoekies, maar dis sag, binne-in is gekapte skil, rosyne en glanskersies. Ek het nog nooit so iets geproe nie. Sy skink tee in klein koppies. Seuns van elf is selde lus vir tee, maar ons is stroopsoet, niemand gaan verbaas wees as ons uitvind sy kan toor nie. Sy skink melk uit 'n klein bekertjie en verdwyn in die kombuis. Op die tafel staan twee klein potjies met suiker en bitter klein silwer lepeltjies. Ek trek 'n potjie nader en gooi drie lepeltjies suiker in my tee. Juffrou verskyn uit die kombuis. Ek neem 'n groot sluk tee. Dis sout! Die potjie is vol sout! Wie sit sout in 'n potjie?

Nog 'n koekie? vra Juffrou.

Ek skud net my kop. Ek weet nie wat om te doen nie. Drink, simpel, drink. Ek neem twee groot slukke. Ek spring op.

My ma wag, sê ek, Dankie, Juffrou.

Voor die biblioteek gooi ek op soos 'n roofdier wat iets té groot gevang het.

Wie sit sout in 'n potjie? vra ek by die huis. Ma lag.

Party mense, sê sy, Die kunstiges en die sjefs. Maar jy hou mos van alles wat boheems is. So leer ons maar. Drink nog water. Jy sal nou-nou beter voel.

Dekades later het familie van Juffrou Snyman my opgespoor. Hulle het in 'n artikel gelees hoe ek haar bewonder en hoeveel sy my beïnvloed het. Blykbaar het sy in haar laaste jare in die ouetehuis oorkant die pad gebly. (Ek kan my net indink hoe sy daai plek omgekeer het! Hoe gelukkig is dies wat haar kon beleef!) Blykbaar was sy in Argentinië voordat sy in ons midde beland het. Van Argentinië tot Porterville? Snyman? Mag die engele help dat ek ook ná my dood iemand nog sal laat wonder. 'n Beter nalatenskap is feitlik onmoontlik.

Vrydag, Saterdag, Sondag

Ten minste een keer per maand het ons bankvas in die kerksaal gesit. Hierdie was die tydperk van toere. Toneelstukke, tablo's uit die Bybel, kore, vet mans met rooi onderbaadjies en instrumente uit die Oosblok, gimnaste, klein sirkussies, voorlesings, enige individu of groep met 'n bussie of 'n bus het agter ons verhoog kom stilhou en 'n vertoning aangebied. Sodra 'n troep die dorp verlaat het, is plakkate afgeruk en vensters gewas, binne dae het nuwe plakkate verskyn en het almal begin koukus. Woon ons dit by? Was dit aanvaarbaar vir kinders? Wat sê dominee? Weet die koster iets? Wie het gebel om die saal te bespreek? Hoeveel kos die kaartjies?

Die saal was óf propvol óf dolleeg, besluite is kollektief geneem, die dorp het besoekers en hul talente omhels of daar is voortgegaan met die maandelikse rooster asof niemand kom aanklop het nie. Die saal was nooit halfvol nie. Hierdie dorpskultuur heers nou nog, 'n kunstenaar is 'n held of morsdood.

Die gewildste gebeurtenis was Lida Meiring se jaarlikse besoek.

Dié merkwaardige vrou met haar kragtige stem en onbegryp-like hoeveelheid energie het elke jaar 'n nuwe stuk opgevoer, ek onthou dit as eenmanvertonings. Was daar nog 'n speler op die verhoog? Ons het hom of haar glad nie opgemerk nie. Met titels soos "As Miempie kom kuier" en "As Miempie troukoors kry", het sy beloof dat ons vir weke nog gaan praat oor die kragtoer, vir maande haar sêgoed herhaal. Die paar dae vooraf was ondraaglik, die saal was 'n uur voor die tyd al vol, jy kon onderdeur die gordyn sien daar word nog geskarrel, ons was heeltemal te vroeg, maar ons is klaar met wag.

Dan is die ligte afgeskakel, nooit gedoof nie, maar een-een afgesit soos dié van 'n fabriek net na ses. Die gordyn is oopgedraai en 'n paar deure het in hul kosyne gestaan. Ek onthou die deure, daar was altyd deure, met 'n mop in die hand het sy by een ingestorm, ons was histeries. Dan het sy en die mop verdwyn en 'n sekonde later het sy as 'n nuwe karakter deur 'n ander deur teruggestorm, mop op die kop. Ek wat tot vandag toe nie weet hoe om hardop te lag nie, het geskree. Die trane het tot in my nek geloop, sy was eenvoudig die snaaksste mens wat geleef het. Alle dorpstrauma, familietwis, skoolspanning of geldprobleme het verdwyn, vierhonderd mense was pynloos en gelukkig. Hierdie geluk het vir weke in ons lywe bly sit.

Toe verskyn die eerste musiekrevue. Dit was die tyd toe daar debatte en eredienste gewy is aan die gevare van popmusiek en Satan se verskuilde teenwoordigheid in die polsende ritmes. So-dra 'n nuwe liedjie op die radio gespeel is, het die gewoonste van mense verander in profete met lang neuse en krom vingers, agter-dogtige swartgeklede tantes in Galliese stegies honderd jaar voor Christus.

Hierdie revue se plakkaat het reeds die sonde voorspel met 'n foto van 'n mirror ball en 'n jong paartjie wat dans in klokbroeke en blink frokkies wat albei se naeltjies ontbloot het. Die dorp het gegons en gewaarsku en al die kaartjies is weke vooraf uitverkoop. Ek het elke aand voor die spieël gestaan en my eie naeltjie gesoek.

As iemand sou wonder waar die uitdrukking "Op die groot aand" sy oorsprong gehad het, kan ek met sekerheid bevestig dat dit op die Vrydagaand van die musiekrevue was. Ek kan nie onthou of ons hele gesin teenwoordig was en of dit net ek met een of twee ouers was nie, my prentjie is net van myself in die heel voorste ry op die galery. Een-een sterf die fabriek se ligte, ruk-ruk draai die koster die gordyn oop. 'n Polsende ritme vul die saal en toe sweef ons tussen die sterre. Om en om draai die hemelruim. 'n Groot mirror ball hang in die middel van die verhoog, twee sterk lampe belig dit uit die agterste hoeke van die saal. Die stel is 'n ligblou arena uit kartonkrulle. Alles is bedek met blinkers. Daar is twee sangers, 'n jong man en 'n jong meisie, albei in blou kleefpakke, albei bedek met blinkers, selfs hulle ooglede en wange is beplak met blinkers. Hulle sing terwyl twee paartjies dans, almal in stywe klere, almal gesmeer met olie en blinkers, almal met sigbare naeltjies. Later spoeg iemand vuur, 'n meisie met 'n silwer aandrok sing op 'n hoë stoeltjie, een paartjie dans 'n wals in klere uit Spanje, die een wat vroeër vuur gespoeg het, toor later duiwe uit 'n hoed, die mirror ball hou nooit op nie. Ná die slotlied hardloop almal van die verhoog af, toe weer terug, toe weer af, toe weer terug.

Die gordyn het toegeswaai. Ons hande was seer geklap, ons was gedaan, al ons emosies getap. Hoe slaap enigeen ooit weer? Waar gaan die mense van die revue slaap? Hulle sal moet kaal uittrek om al die blinkers af te was, waar gaan hulle dit doen? Was ons getoor? Kon 'n mens ooit weer sonder 'n mirror ball bestaan? Hoe lank moes ek wag voordat ek my eie kon besit?

Ek wou nie beweeg nie. Ek het op my stoel bly sit totdat die galery leeg was. Van ver af het iemand my geroep. Kom nou! Ek het opgestaan en na die trap geloop. Onwillig en stadig het ek trappie vir trappie na onder geklim. Soos onweer sonder waarskuwing was die grom daar. 'n Lae grom uit die maag van die aarde. Die paar mense in die portaal se monde het bly beweeg, maar daar was geen klank nie. Net die diepe, diepe dreuning. Die onderkant van die trap het stadig na bo begin krul, niks het gekraak of gebreek nie, ek was meteens in die middel van 'n kronkelende, kalm golf.

'n Sekonde later was ek agter die gordyn. Ek was omring deur die revue se geselskap. Een danser het na my gekyk, sy baard het deur die blinkers gegroei, daar was fyn plooitjies op sy maag. Die jong meisie se lipstiffie was gesmeer en sy het afgekyk, haar rok se soom was losgetorring, gare het tot op die vloer gehang. Die sanger het omgedraai om weg te loop, binne die kleefpak was sy boude lank en pap soos die rugbyman s'n binne die blou sweetpak. Iemand het die dekor begin wegskuif, die blink arena was vol krake, verf het afgesplinter en punte van die krulle was hobbelrig, die lae en lae gom en blinkers het soos skuim gesit.

Toe het die trap gesak, die laaste trappie is perfek terug na sy plek op die vloer, die grom het stilgeraak en die mense in die portaal se stemme het teruggekeer.

Jong, ek weet nie, het 'n vrou gesê, Dis mooi, maar 'n mens bly ongemaklik.

Ná die revue was dinge nooit weer dieselfde nie, ek kon nie ophou dink aan die mirror ball nie. Hoe mooi was almal terwyl dit gedraai het, hoe aaklig toe dit opgehou het.

Maar daar is so een by die skaatsbaan! sê die bure se jongste seun nadat ek hom van die revue vertel.

Anders as in baie dorpe was die kerk nie in die hoofstraat nie, net die kerksaal was. En wel op 'n hoek. Op die hoek langsaan was die motorplek waar my pa gewerk het voor hy begin studeer het. Op die hoek oorkant die pad was 'n klerewinkel. Hier het almal kerkhemde en dasse kom koop. Direk langs die klerewinkel was Die Blad Van Intrige. Dié was vermom as 'n rolskaatsbaan. Saterdagaande het die kafee-eienaar (die kafee was aan die klerewinkel se agterkant vasgebou) luidsprekers buite die agterste vensters gehang en harde musiek gespeel, nie hard genoeg om die dominee te ontstel nie (die pastorie was langs die kerksaal), net hard genoeg om ontwakende hormone uit elke straatblok te lok.

Die Blad Van Intrige was die dorp se gelykmaker. Op hierdie sementblad, omhein deur metaalborde met koeldrankadvertensies, het finansiële voorspoed, sportprestasies, akademiese lof of familiegeskiedenis verdwyn. Kinders wat deur die week deur ongemak, aknee of sigarette in die skadu's gehou is, het op 'n Saterdagaand die blad betree met grimering, leerbaadjies en haarjel. Dié wat sport verag het, het hier met gespierde arms en lenige, lang bene in kleefdenim geparadeer. Dié wat hardhandig grootgemaak is en skaam die daglig moes verduur, het hier as jong tiere regeer. Vooraanstaande, voorbeeldige en voorop-die-wa skoolmeisies het hier onderdanig gewag op die aandag en opdragte van die dorp se werklike leiers, die ongure, onweerstaanbare bulle van Die Blad. Die ritueel van rondstaan en skelm loer met blikkies Iron Brew in die hand het etlike ure geduur voordat die eerste rolskaatse vasgeveter is.

Daar was 'n paar bont gloeilampe onder die kafee se geut vasgemaak. In die een hoek was 'n klein mirror ball, só swak belig dat net 'n paar bleek masels teen die kafee se muur verskyn het. 'n Enkele draad met gelerige gloeilampe het die blad belig. Geen skoonheid, geen glorie. Net 'n kafee met 'n sementblad. Maar hier het drama gesluimer en is komplotte gesmee. Die Blad Van Intriges het duistere denke en verbode lus uit verstand en vel getrek, deur mure ingesuig tot binne hierdie kokon van rou krag, die heerlike stadium waartydens jong leeus nie behoorlik kan onderskei tussen speel en veg nie.

Op 'n Saterdagaand daag ek met die bure se jongste seun hier op. Hy huur 'n paar skaatse, ek het myne onder die arm. Dié was my Kersgeskenk die vorige jaar en nadat ek elke liggaamsdeel nerfaf geval het tydens 'n paar pogings in ons leë motorhuis, het dit in die pakkamer beland. Maar ek is hier met my skaatse, die aantrekkingskrag van 'n mirror ball is veel groter as my vrees vir bloed of verleentheid. Ons kry elkeen 'n Iron Brew en gaan sit op een van die lang bankies.

Waar's die mirror ball? vra ek.

Bokant jou kop, sê hy.

Ek kyk op. Die maselbal draai stadig teen die muur. Die helfte van die spieëlteëltjies het afgeval. Daar is geen hemelruim. Vir 'n oomblik vergeet elke kind op aarde elke sprokie wat ooit vertel is.

Alles wat mooi was, is nou vergete. Ek is pienk en pap en kan nie skaats nie.

Ek gaan huis toe, sê ek, Jy moet saamstap.

Is jy mal? sê die bure se jongste seun, Ons is dan nou hier.

Ek gaan val, sê ek.

Jy hou mos vas, sê hy.

Aan wat?

Die wurm?

Watse wurm?

Net die prins en prinses skaats alleen. En die koning en die heks en die moordenaar. Die res maak 'n wurm of 'n draak. Hulle werk aan 'n storie, want hulle wil eendag 'n skaatskonsert hou. Jy hou net vas aan die een voor jou. Niemand val nie.

Ek trek my skaatse aan. Ek hou vas aan die bankie, aan die bure se jongste seun, die heining, die reling en toe aan Thomas Redeling-huys. Hy was 'n stil kind wat in die hulpklas gesit het langs die een wat sy broek oopgemaak het. Hy het 'n blas vel gehad met lang pikswart wimpers. En lippe soos 'n winkelpop. Hy was mooier as enige meisie in die streek. Die Uitasemvrou het eenkeer gesê daai mooi seun en sy pragtige pa was soos koetswiele, glad en goud en nie joune nie.

Thomas is die wurm se tweede laaste paar bene, ek is heel agter. Ek het hom aan die middel beet. Sy lyf is kliphard, ek kan voel hoe daar dinge aan sy binnekant beweeg, spiere of geraamte, goed wat ek nog nooit gevoel het nie.

"Touch me in the morning" fluister Diana Ross oor die luidsprekers. Die wurm begin beweeg. Die bure se jongste seun het gesê niemand val nie, maar toe die wurm begin krul om die eerste draai is my voete oorkruis, ek weet nie hoekom nie, ek het hulle nie een keer gelig nie. Ek is op my knieë, toe op my maag, maar ek laat los nie. Met die volgende draai val die hele wurm om. Daar is 'n bloedstreep agter my. Die bure se jongste seun stap saam met my huis toe, my knieë brand soos vuur. Ek gee my skaatse vir hom, hy sê dankie, maar hulle is te klein.

Drie weke later, op 'n Sondagmiddag, sit ons in die tentjie in die middel van ons verskriklike groot grasperk, ek en die bure se jongste seun. Sondagmiddae was die slegste tyd van die week, ek onthou die halsstarrige hitte, die verveeldheid (kláár boekgelees, kláár vir Ouma geskryf, kláár reggepak), die gedwaal agter die saagmeule langsaan, die geklouter op houtstapels, die reuk van dennehout en olie, later die tipiese Sondagreuk van warm vrugte in die ander bure se boord. Nog later loer ek vir 'n ewigheid af met die verlate straat. Daar was geen vooruitsigte, Sondagaand was klein-eet, Maandagoggend was skool, watter wanhopige tyd!

Toe verskyn die tentjie. Van waar? Ons het nie geld gehad vir groot spandeer nie. Die tentjie het 'n puntdak gehad soos 'n getekende huisie en was groot genoeg vir twee kinderslaapsakke. Bo in die middel was 'n opgerolde seil wat jy kon losmaak en laat hang soos 'n muur tussen twee vertrekke.

Ek en die bure se jongste seun sit aan weerskante van die seil.

Is jou knieë nog seer? vra hy.

Nee, sê ek.

Jy is 'n late bloomer, sê hy, Almal sê so.

Wat is dit? vra ek.

Jy is bietjie stadig, sê hy, Jou kop is nog vol kabouters, almal sê so.

Stadig? sê ek, Wat bedoel jy? Ek is twaalf! Nie een ander kind kry soveel boekpryse soos ek nie!

Stadig is stadig, sê hy, Nie met skoolgoed nie, met seksgoed.

Sjjjttt!

Ek weet nie wat dit beteken nie, maar ek weet dis erg. Ek kruip by die tentjie uit en loer om huis toe. Ek kruip weer terug.

Jy kan nie sulke goed sê nie, sê ek, Mense kry die doodstraf.

Vir moord, ja, sê hy, Nie vir seks nie. Almal doen dit.

Wat?

Seksgoed.

Ek sê, Ek weet nie wat seksgoed is nie.

Dis soos Dokter-Dokter speel, sê hy, Net erger.

Hoe erg? vra ek.

Die man lê op die vrou, sê hy.

Hoekom? sê ek.

Hulle maak branders, sê hy, Soos by die dam of by die rivier. Die man vat sy naaldekoker en dan roer hy die vrou se poeletjie.

Waar sit dit? vra ek.

Die bure se jongste seun lig die seil op en wys met sy hand.

Sies man! skree ek. Ek is kwaad, ek bewe.

Hoe anders kry 'n mens babas? sê hy, Hoe dink jy begin 'n vrou-mens verwag?

Van swelling, sê ek.

Van by die poeletjie ingaan, sê hy, Almal doen dit.

My ma-hulle sal dit nooit doen nie, sê ek, Ons is dan heeltyd in die huis.

Hulle wag tot julle slaap, sê hy, Op en af, op en af, hoo lekker, hoo lekker!

Uit my tent uit! sê ek, Gaan huis toe!

Late bloomer, sê hy.

Ek hoor hom wegstap. Toe kruip ek buitentoe. Ek trek die penne uit die gras. Die tent sak inmekaar. Ek laat hom net daar lê. Ek stap na die wilger en gaan sit vir die eerste keer in 'n lang tyd onder die koepel. Hier kom ek nooit weer uit nie. Ek praat nooit weer met iemand nie. Varke. Almal is varke. Ek weet die bure se jongste seun is reg. Ek het altyd geweet mense doen goed. Maar ek het nooit geweet dis waar ek vandaan kom nie. Ek het gedog ek is gestuur.

Rod

Die Paarl se inryteater kondig aan dat hulle 'n spesiale Rod Alexander-naweek aanbied. Vir twee aande na mekaar wys hulle sy twee trefferfilms van die vorige jaar, *Aanslag op Kariba* en *Snip en Rissiepit*. Albei rolprente op albei aande.

'n Volledige agenda word uitgewerk. Saterdagoggend begin die tog na Wellington. Ouma berei middagete. Daarna volg 'n kort slapie voordat ons na Magdel-hulle se huis vertrek. Haar ma het 'n nuwe kortspeelplaat gekoop, ons is genooi vir 'n luister met koffie. Dan kom vroegbad en Paarl toe ry vir 'n goeie staanplek en die dubbele fliek. Dan oorslaap en ontbyt. Dik snye rosyntjiebrood! Sagte botter! Sagte roereiers! Jogurt met ingelegde koejawels! (Partykeer het Ouma ooggeknip en gesê, O, die jogurt is op. Dan het ons vla gekry!) Daarna terugry vir die aanddiens, oggenddiens mis is al klaar groot skande.

Ons hou voor Oupa en Ouma se huisie stil. Hoenderpastei met goue blaarkors, geelwortels met heuning en kaneel, sousboontjies, aartappels in vet gebraai, kruierys, poffertjies met geelkaas, konfetti-slaai en pannekoek met perskestroop. Ons is skaars klaar gegroet, toe begin Ouma die offerandes tafel toe dra. Ons het daai jare al geweet dis ongesond om direk ná ete te gaan lê, maar niemand het 'n keuse nie, ons is lam soos plaasvlieë.

Halfvier vertrek ons na Magdel se huis. Ek moet vir myself preek, ek is altyd 'n bietjie vies voor ons soontoe gaan. Ek was jaloers op hulle groot huis en die feit dat hulle so na aan Ouma kon woon, hoeveel avonture moes ek misloop? (Magdel het onlangs vertel van die keer dat Ouma hulle moes oppas en sy hulle aan die slaap probeer lees het met 'n *Huisgenoot*-artikel oor die gruweldade van Rudolf Hess.)

Los, sê Oupa.

Ouma is besig om 'n lap om 'n bord te knoop.

Los, sê Oupa, Dis net vier minute soontoe.

Wie ry sonder padkos? sê Ouma, Netnou gaan staan die kar!

Dan stap ons, sê Oupa.

Ek en Ian ry saam met Oupa en Ouma in die grys Volksie. Erik ry saam met Ma en Pa. Op met die bult.

Hoekom het Magdel so 'n groot huis? vra ek.

Want julle het so 'n groot tuin, sê Ouma, Almal op aarde het iets en kort iets. So word ons vrolik en so bly ons nederig.

Dit was die waarheid. Ek mag nie stry nie.

Maar hoekom woon hulle op Wellington?

Want Chris werk met die vrugte, sê Ouma, Hy is baie slim by die werk.

Magdel se pa was hoog op by die droëvrugteraad. Dit was die waarheid. Ek mag nie stry nie. Met nuwe vrede klim ek die trap na die voorstoep. In die groot sitkamer sit ons almal in 'n halfmaan. Magdel se ma lig die platespeler se naald en plaas dit op die nuwe solus-sewe. Kris Kristofferson sing "Why Me Lord". Ná die tyd is daar stilte. 'n Paar vee trane af.

Hy klink of sy hoesstroop op is, sê Ouma, Hoe is dit moontlik dat 'n man wat so sleg sing my so hartseer kan maak? Speel weer.

Hy sing weer. Nog trane. Koffie en ystervarkies. Erik, Ian, Lanie en Bennie hardloop gillend om die huis. Magdel wys my haar nuwe boeke. Almal word geroep vir 'n foto. Ons sit weer in 'n halfmaan. Toe af met die trap, af met die bult. Ons bad en trek pajamas aan.

Hoekom moet ons flick kyk in pajamas? vra ek.

Dis laatnag as ons terugkom, sê Ma, Ek gaan nie dan slapende kinders probeer aantrek nie.

Dis simpel, sê ek, Die mense gaan lag as ons uitklim.

Die man met die eetgoed kom mos motor toe, sê Ouma.

Ek het vergeet. Die hoogtepunt van 'n aand by die inry, die man met die skinkbord en die leerband om sy nek. Bar One! KitKat! Tex!

Vra hom vir polonie, sê Oupa.

Waar is die polonie? vra ek.

Hy plak die polonie op sy maag vas, sê Oupa, Dit bly sit van die sweet, hy moet net sy hemp oopmaak, dan kies jy 'n snytjie.

Sies, Ben! sê Ouma.

Ons gril en lag. Oupa lag nie. Hy het al baie vertel hoe grootmense lieg vir kinders. Hy praat net die waarheid.

Ons kom by die inry aan, betaal by die groot hek, daar is nog min karre, ons kry 'n staanplek reg in die middel. Pa draai die ruit af, haak die luidsprekertjie oor die glas en draai weer die ruit op. Ek sit voor langs Pa, Ma sit agter met Ian en Erik. Erik gaan slaap sodra die tekenprente verby is. Ma gee Ouma se bord met die lap aan.

Eet nou terwyl dit nog lig is, sê sy, Anders is daar môre oral souskolle.

Op die skerm verskyn advertensies. Skyfies met dowwe foto's van plaaslike besighede: slaghuise, bakkerye, petrolstasies. Daarna verskyn die tekenprente gevolg deur swart-en-wit nuus, Jim Fouché poseer voor 'n nuwe hospitaal en John Vorster stel die parke in Johannesburg oop vir alle rasse.

Hier kom moeilikheid, sê my pa.

Nee, dis net 'n kort pouse, sê my ma.

Kom hulle nou met die tjoklits? vra ek.

Nee, eers na die eerste fliek, sê my pa.

Jy moet stadig met die soetgoed, sê my ma, Jou pa se kant van die familie loop almal met swak tande. Eendag kry jy nie 'n meisie nie.

Ek besluit ek sal vra vir polonie. Ek wil nie 'n meisie of swak tande hê nie. Twee van die koshuisseuns se hoektande is getrek en almal noem hulle die bewers.

Die eerste fliek begin. Daar is 'n damwal, terroriste, 'n kwaai vrou en 'n maer man met 'n pikswart snor. Dis vervelig en almal het lelike klere aan.

Hoe lank nog? vra ek.

Dit het nou net begin! sê my pa.

Daar's hy nou, sê my ma.

Op die skerm verskyn Rod Alexander. Die mense in die fliek noem hom Beyers, maar ek weet sy naam is Rod. Ek het hom al in baie tydskrifte gesien en nie veel notisie geneem nie. Maar hier is hy nou, meters hoog op 'n skerm omraam van helder sterre en 'n sekelmaan. Ten spyte van sy snor is hy mooier as almal wat nog ooit geleef het, mooier as die goud teen Juffrou Snyman se muur, mooier as die gekoer van al die duiwe in die Boland, mooier as die klimop teen die Hugenote Kollege se toegerankte huis. Sy hempie span oor sy bors, die knopie sit bewend soos 'n klip in 'n kettie. Ek kou my kamerjaskoord sopnat.

Wat gebeur nou? vra my ma.

Ek weet nie mooi nie, sê my pa, Hy werk dalk saam moet die kroeks, ons sal nou sien.

Ian slaap ook nou vas, sê my ma, Maar hy sal netnou wakker word. En dan wil hy badkamer toe.

Ek sal hom vat, sê my pa.

Stil! wil ek gil, maar ek bly kou my koord. Ek voel ingehok, ek wil weg, ek wil tussen die terroriste wees, iemand moet my gevange hou, iemand moet my probeer red, saam moet ons benoud wees, planne beraam, saam moet ons ly en moed opgee en dan met 'n wonderwerk ontsnap sodat ons vir die res van ons lewens daaroor kan praat.

Op 'n stadium kom die rolprent tot 'n einde, ek het lankal opgehou om die storie te volg, ek het my eie planne. POUSE verskyn in die middel van die leë skerm. Pa en Ian is badkamer toe, Ma sit met toe oë en Erik slaap soos 'n sakkie sement. Ek is nie honger nie, my kop is vol moontlikhede, my maag is vol skoenlappers, maar ek bly uitkyk vir die man met die skinkbord. Later klim Pa en Ian terug in die kar. Die skerm raak donker. *Snip en Rissiepit* begin. Rika Sennett is beeldskoon, Rod se snor is weg en hy is nou nog mooier as by die dam. Hulle praat oor goed waarvan ek niks verstaan nie, stry oor dinge wat my verbygaan, maar ek sit vasgenael, ek klou aan die paneelbord, my voorkop feitlik teen die voorruit.

Iemand klop teen Pa se ruit. Dis die man met die skinkbord.

Wil iemand iets hê? vra Pa.

Nee, sê ek.

Daar is geen antwoord van die agterste sitplek nie, almal slaap.

Nie eens 'n KitKat nie? vra Pa.

Niks nie, sê ek. Ek is omgekrap. Alles is verkeerd. Die man is laat. Pa se gepraat versteur die sfeer waarin ek so pas gaan woon het. Nou is ek terug in 'n motor vol familie. Pa koop iets en eet dit. Die papiertjie raas, ek wil mal word.

Toe verskyn die soen. Rod soen iemand. Ek weet nie wie nie. Dis 'n soen met oop lippe. Soos toe ons geoefen het in die sonkamer. Maar nou is dit Rod wat soen. Groot op die skerm. Tussen die sterre.

Bieng! Ons kar se dak skiet af. Sjoep! Sjoep! Sjoep! Sjoep! Pa, Ma, Ian en Erik skiet die lug in. Bieng! Bieng! Sjoep! Sjoep! Almal se dakke skiet af. Almal skiet die lug in. Hulle hang bewegingloos in die lug. Honderde liggame hang stil bo die Paarl. Ek is alleen. Rod se mond is oop teen die hemel.

Die volgende oggend word ek wakker op my matrassie in Ouma se sitkamer. My lyf is swaar en moeg, ek is gedaan, alles wat die engele my gegee het, alles wat verkeerdelik oor my gestrooi is in die sandput, alles is opgebruik. Die vorige nag was byna te groot. Dit was die eerste nag wat alleenlik myne was, ek het gesien en gevoel hoe wyd ek moes strek, hoe ver van huislik ek moes vlug. Moontlik te jonk om ontdekkings of vermoedens behoorlik te verwoord, maar iewers het 'n kiem kom lê, die vae moontlikheid dat sommiges net onder 'n onbereikbare plafon sou kon blyplek vind.

Ná ontbyt groet ons. Ek hou Ouma styf was, ek is baie lief vir haar. Maar nou moet ek terug na die kleine dorpie en die kleine bestaan. Ek loop sleepvoet kar toe. Terug na die lang wag op on-afhanklikheid.

Lokasie

Dit was die gebruik om 'n skooldag met 'n kort godsdiensperiode te begin. Daar is eers register geneem, daarna het die onderwyser 'n stuk uit die Bybel gelees en dan is daar gebid. Wanneer daar genoeg tyd was, kon ons vrae vra of iets vertel.

Dit was 'n Dinsdag of Donderdag, die juffrou met die bruin baadjie (Maandae en Woensdae was dit die bloue, Vrydae die rooie met een af knoop; nadat ek Ouma daarvan vertel het, het sy gesê dis beter as 'n mens daaraan dink as 'n baadjie met 'n ekstra knoopsgat) het uit Lukas gelees hoe die engel aan Maria verskyn het om haar te vertel dat sy geboorte sou gee. Ná gebed het ek my hand opgesteek en gevra wanneer een van ons 'n engel gaan sien.

Sy het geantwoord dat ek nie alles letterlik moet opneem nie.

Ek het haar herinner dat engele orals in die Bybel beskryf word en ook op skilderye en Kerskaartjies verskyn. Hoe anders moes ek dit opneem?

Sy het geantwoord dat 'n godsdiensklas oor die Hemelse Vader handel en nie oor ander wesens nie.

Toe het ek gevra waarom ons dan van Moses en Aäron moes lees.

Sy het haar oë toegemaak (dit was altyd vir haar moeilik om haar humeur vir 'n volle gewyde periode te beheer) en die klok het gelui.

Ek was nou in 'n fase van wantroue. Ek was oortuig dat almal aan die lieg of swyg was, by die skool, by die kerk, by die huis, op die radio, orals. Dié middag het ek huis toe geloop en besluit om ten minste een waarheid per week te ontdek.

Sally het langs die huis in die son gesit met 'n bord kos op haar skoot. Dit het lekker gelyk, soos wanneer ons tydens vakansies op Langebaan of Franskraal buite geëet het. Ek het voor haar gaan staan.

Hoekom eet jy nie binne nie? het ek gevra.

Ek sit nie saam met die baas nie, het Sally gesê.

Ek het vergeet dat my pa by die huis was. Hy was die vorige paar weke ook meer by die huis as op Stellenbosch. Nog 'n waarheid wat ontdek moes word.

Jy sit baiekeer binne, het ek gesê, Kom in, ek gaan ook nou eet.

Nee man, sies, het Sally gesê. Sy wat altyd vrolik was, het vir 'n oomblik – net 'n oomblik – vies gelyk.

Ek het by die kombuis ingestap. Almal was klaar geëet, Ma was aan die opwas, Pa het afgedroog, Ian het driftig vir Erik probeer verduidelik dat 'n boek geblaai word, nie geskeur of gegooi nie.

Hoekom eet Sally nooit meer binne nie? het ek gevra.

Sy eet waar sy wil, het Ma gesê, Gaan trek jou skoolklere uit, ek wil was.

Ek moet die kot uitmekaar gaan haal, het Pa gesê.

Wat gebeur met die kot? het ek gevra.

Dit gaan na Sally se huis toe, het Ma gesê, Erik is nou te groot en daar is blykbaar 'n nuwe kleintjie in haar familie.

Sê nou maar ons kry weer 'n baba? het ek gevra.

Ek is arm genoeg, het Pa gelag, Ons is nou klaar.

En hulle het my ooievaar uitgehaal, het Ma gelag.

Ek wil saamry, het ek gesê.

Nou maar gaan trek uit, jou klere lê op die bed, het Ma gesê.

Vyftien minute later ry ons af met die hoofstraat. Ek sit voor langs Pa, Sally sit op die agterste sitplek, die kattebak is halfpad oop en met 'n rek vasgebind, die stukke kot loer uit soos tuintralies. Net buite die dorp draai ons regs op 'n grondpad. Dis die pad na die lokasie. Hier woon die bruin mense. Pa ry baie stadig, voor ons is 'n bakkie besig om 'n massiewe stofbal die lug in te stuur. Deur die stof kan ek sien daar is vyf of ses bruin mans agterop die bakkie, almal sit, een staan. Hy is geklee in 'n netjiese donkergrys pak met 'n wit hemp en das. Hy staan regop soos 'n beeld en hou met een hand aan die dak vas. Hy lyk soos 'n figuur in 'n ou skildery, 'n vername man, die draer van 'n skokkende boodskap.

Wie's daai? vra ek.

Dis die prediker by die Sendingkerk, sê Pa, Hy is 'n baie slim man, hy het al met ons kerkraad kom praat.

Die bakkie ry stadiger, maar hou nie stil nie. Twee van die mans spring af. Een struikel en val vooroor. Pa ry verby die bakkie. Die prediker draai nie sy kop of kyk na ons nie. Hy staan geskilder. Voor in die bakkie sit 'n man met baie groot rooi wange en 'n rooi neus vol knoppe. (Daai is 'n drankgevreet, het Die Uitasemvrou altyd gesê as sy 'n rooie gesien het.) 'n Sigaret sit aan sy onderlip vas. Die sitplek langs hom is leeg.

Hoekom laat hy nie die dominee voor sit nie? vra ek.

Ek weet tog nie wat ander mense se stories is nie, sê Pa.

Hy hou nie eens stil as iemand afklim nie, sê ek, Hy's onbeskof!

Ek weet ek moet nou stilbly, maar ek kan myself nie keer nie.

Ek hoop hy kom iets oor! sê ek.

Haai! sê Sally van agter.

Man, jy kan nie sulke goed sê nie! sê Pa.

Ek bly stil. Ons draai links by Sally se straat en ry die lokasie binne. Ek was nog net een keer vantevore hier en onthou dat ek daarvan gehou het. Die strate was nou en ongeteer, die huisies was bitter klein, maar netjies, die heinings was toegegroei met sweet peas, tamaties en ertjies waarvan die ranke omgekrul het. Dalk was dit net Sally se straat wat so mooi was, dalk was dit een of ander oorgeërfde manier van kyk na sommige dinge, dalk was dit die vrug van ons sonde, soos Tannie Hamman meer as een keer gesê het, dalk was dit die skande wat ons gaan jag tot in ons grafte, soos wat ek die ryk vrou oorkant die pad eenkeer hoor sê het terwyl haar lippe nie beweeg het nie. Ek het nie geweet wat die betekenis van een van hierdie goed was nie, van Sally wat buite eet tot die prediker wat regop staan en nie een keer wegkyk van die stofwolk nie tot die ryk vrou se uitspraak, maar die feite sou kom, een vir een.

Ons hou stil voor Sally se huis, daar is baie mense in die tuintjie, haar kinders, haar suster, haar ma, haar broer. Pa maak die rek los en lig die stukke kot uit. Sommige van die familielede kom help en dra die stukke by die huis in, ander bly staan by die hekkie. Hulle kyk nie na ons nie, hulle kyk na mekaar of na die kot of na die lug of na die motor of na die grond, maar nie na ons nie.

Koebaai, Sally, se ek.

Dankie, sê Sally. Sy kyk af en trek die hekkie toe.

Ons ry terug met die grondpad. Ons is amper by die bome net voor die dorp. Vanuit die laaste straatjie verskyn die bakkie en

jaag voor ons in. Ons tref hom teen die agterste hoek. Pa ruk voor-
oor. My kop kap hard teen die voorruit. Ons kom tot stilstand. Ek
weet nie of die rooie die bakkie se briek getrap het of aan die
stuurwiel gepluk het nie, maar die bakkie is nou dwars in die pad
en hou aan gly. Met sy voorkant na ons verlaat hy die grondpad
en tref 'n boom.

Pa sit sy hand teen my voorkop.

Is jy okay? vra hy.

Ek het net geskrik, sê ek.

Pa maak die deur oop en hardloop na die bakkie. Die rooie sukkel
by die passasiersdeur uit, hy is 'n kort man met donkerpienk bak-
bene en 'n dik nek. Hy staan vooroor gebuk, bloed loop van sy
voorkop.

Ek het groot geskrik en is nou naar. Ek draai my gesig weg. Ek
weet ek moet ophou om ander te verwens, ek doen dit elke keer
uit vrees of uit woede, blitsig, nog voor ek daaroor kon dink. En
elke keer tref 'n ramp die vervloekte. Hoe gaan ek ophou? Veral
noudat ek weet ek weet niks?

Mini

In die hoek van die kerksaal se verhoog, agter die gordyn, het 'n Bybel gestaan. Deur my pa gemaak uit hout, een meter hoog met 'n gleuf aan die bokant. Een middag elke week is hy uitgeskuif tot aan die kant van die verhoog naby die trappies. Dan het die meerderheid van die dorp se kinders vergader vir Kinderkrans. 'n Paar tannies het as leiers opgetree, my ma was een van hulle.

Elke week kon dié wat wou op die verhoog staan en een of meer Bybeltekste voordra. Ná 'n suksesvolle resitasie is 'n papier met die Bybelteks en die kind se naam bo by die houtbybel se gleuf ingegooi. Aan die einde van die jaar is die tekste getel en die wenner het 'n prys ontvang. Dit was vir my lekker om Bybel te lees, maklik om te memoriseer en noodsaaklik om op die verhoog te verskyn. Dit was 'n familiesaak, Pa maak die Bybel, Ma gee klas en ek wen die prys.

Op 'n middag was ek en Ma weer op pad na die Kinderkrans in die geel Mini. Dié motortjie is uit nood aangeskaf nadat Pa se studies begin het. Ma, wat voor my geboorte 'n onderwyseres was, moes soggens werk om die wolwe van ons voordeur te hou. Die werk was by 'n kleuterskool op 'n plaas net buite die dorp. Ma moes leer bestuur. Dit was 'n proses van gilletjies, trane, uitbarstings, verwyte, weier, opgee, weer begin, woede, gebed en aanvaarding. Waar sy haar lisensie gekry het, weet ek nie. Ons dorp het net een verkeersbeampte gehad, hy het elke dag bewusteloos in sy motor gesit, altyd met 'n oop ruit, altyd in die hoofstraat, reg oorkant die poskantoor. Of dit 'n ongelukkige huwelik was, die gebrek aan behoorlike verkeer, alkohol of slaapsiekte, hy was regtig nie lus vir sy bewussyn nie. Indien hy bemagtig was om lisensies uit te deel, het Ma hare hier ontvang, indien sy op 'n groter dorp moes gaan uitpasseer, was dit tydens een van my vakansies op Wellington, daardie trauma het my gespaar gebly.

Ma was die wêreld se mees gespanne bestuurder. Ian en ek het soggens ontwaak en dadelik ons gordyne oopgeruk, maak nie saak hoe nodig die boere dit gehad het nie, ons het bly bid dat die reën moes wegbly. Reën het veroorsaak dat Ma ons wou skool toe neem en dit was nie goed vir 'n kind om reeds op laerskool sy eie dood te vrees nie. Al moes sy en Erik verby ons skool ry om by die plaasskool te kom, het ons verkies om te stap. (Om die plaas te bereik, moes sy oor 'n bruggie sonder relings – 'n sementliniaal – ry. Ek vermoed dit was in hierdie tyd, agter in die Mini, dat Erik begin het om sy oë toe te maak en die aangrypende innerlike lewe wat hy vandag geniet, te kweek.)

Op 'n middag is ek en Ma en die geel Mini op pad na die kerksaal vir die week se Kinderkrans. Dit was ná aan die einde van die jaar en ek het bladsye gememoriseer, dit was my laaste kans om my triomf te verseker. Ek het oor en oor my lyne opgesê.

Praat net sagter, het Ma gesê, Ek bestuur.

Motorbestuur word, soos fietsry, op een of ander stadium twee-de natuur. Die bestuurder kan na musiek luister, 'n gesprek voer of bloeisels aan 'n boom raaksien terwyl daar nog steeds aksies uitgevoer word en veilige besluite geneem word. Nie Ma nie, daar was vir haar geen logika in die werkinge van 'n enjin of die volgorde waarin pedale, ratte en flikkerligte gebruik moes word nie.

Ons het altyd agter die saal parkeer. (Kodetaal: "Deel Een van hierdie riller kom nou tot einde. Moenie dit waag om te ontspan nie, jy moet weer terug.") Die saal was teen 'n effense helling gebou en die agterste dubbeldeur het direk op die verhoog oopgemaak. Dit was voor hierdie deur waar ons altyd stilgehou het. Op hierdie middag het Ma 'n wye romp aangehad, nie iets wat veronderstel was om 'n probleem te wees nie, maar sy het altyd elke pedaal met die oog gesoek voor sy hom getrap het.

Mense gebruik gereeld die uitdrukking, My hele lewe het voor my afgespeel. Dit is die waarheid. Wanneer jy vermoed jou einde is in sig vlieg jou gansc bestaan in die vorm van vierkantige foto's voor jou verby, in my geval van regs na links. Ons was net verby die kerk, Ma het die ratkas in 'n laer spoed ingewurg, die verhoog se dubbeldeur het voor ons verskyn, die romp was te groot en sy het die petrol getrap.

Ebeeeen! het sy gegil.

Neeeee! het ek gegil.

Die Mini het tot stilstand geruk met sy neus teen die deur.

Ons kon dood gewees het, het ek gesluk.

Nonsens, het Ma gesê. Maar ek kon sien hoe haar hand bewe.

Daardie dag het ek voorgedra totdat daar nie meer plek vir papier binne Pa se houtbybel was nie. Die volgende week het ek die prys ontvang. (Ek het saam met een van die bure se seuns saal toe gestap. Hy was nie op pad Kinderkrans toe nie, sy sigarette was op.)

'n Week later het ek wel weer in die Mini geklim. Ma het met ons drie bult-af gery tot by die vou waar die hoofstraat begin gelykloop het. Hier het 'n huis gestaan, doodgewoon, sukkelende grasperkie, skewe muurtjie langs die voorstoep, bont glas langs die voordeur, al die letsels van die laat-vyftigs. Ons het by die sitkamer ingebondel, net Ma het gegroet, ons het op die spikkelmat gaan sit en vir dertig minute nie beweeg of asemgehaal nie. In die hoek was een van die eerste televisies in die land, toetsuitsendings het net begin. Op die skerm was 'n klein Belgiese speurdertjie, sy naam was Max. Hy het met 'n klein Europese motortjie deur nou straatjies gejaag om skelms te vang. Ná die tyd het ons vir 'n paar sekondes in doodse stilte bly sit. Toe het ons opgespring.

Koeldrank?

Nee dankie, Tannie.

Duisende koppiespelde het in my vel kom sit. Ek het rondgekyk of ek vir Becca of Bora kon sien. Die kriewels wat nou nog in my lyf dans en sorg dat ek nooit stilsit nie, dat ek elke dag tien kilometer om my eetkamertafel loop want ek het 'n idee en te min tyd asook 'n gekheid wat my bedmaat geword het en my laat leef sonder slaap, die het ek op 'n spikkelmat ontvang.

Ons is by die voordeur uit voor Ma kon keer. Ons was skielik bly om in ons klein motortjie (nou nie meer 'n karretjie nie) te klim. Max het een, ons het een! Daardie naweek, ná 'n kort gesmeek, het ek my eerste bestuursles ontvang. Dit was maklik en ek en Pa en die Mini is op en af met die grondpaadjie langs ons lang grasperk. Later het Ma van die stoep af geroep.

Petrol kos geld!

Ons het voor die motorhuis stilgehou.

Kan ek volgende week reverse? het ek gevra.

Ek is jammer ek het jou geslaan, het Pa gesê.

Ek was dadelik ongemaklik. Ek het nie van sulke sinne gehou nie. Al was dit om 'n seerplek heel te maak. Familiegesprekke was te intiem, dit het my keel laat toetrek.

'n Mens dink jy doen die regte ding en dan die volgende dag dink jy dit was verkeerd, het hy gesê, Ek weet nie meer wat 'n mens veronderstel is om te doen nie, wat eers reg was, is nou verkeerd. Of andersom. Kyk of jy jou ma kan help, sy hou ook nie van kwaadword nie. Dinge is maar moeilik.

Die volgende week het ek bly uitsien na die reverse, ek het net gehoop hy praat nie weer oor onverwagse goed nie. Maar hy het.

Net toe ek voor die motorhuis parkeer. Hy het gesê dat ons gaan trek, hy moes nader aan sy klasse woon, dit was nie reg met hom so ver en Ma wat alleen moes regkom nie. Hy het gesê ons gaan baie nader aan die stad wees, hy kon dan saam met ons in die huis woon en Ma kon 'n werk kry wat beter betaal.

Ek het nie omgegee nie, behalwe my paar maats was daar min wat ek sou mis. My nuwe kriewels het my onrustig gemaak en in 'n nuwe plek sou ek dalk kon uitvind wat om met my baie planne te maak.

'n Paar weke later ry ons uit die dorp. Heel voor is die trok met ons besittings. Dan die stasiewa met Pa en Ian en Erik. Heel agter is ek en Ma in die Mini. Op my skoot is 'n jamrol in waspapier toegedraai. Die Hanekomtannie het dit gebak en hartseer in my hand gestop met die afskeid.

Die rit het soos 'n ewigheid gevoel. Ek kon nie ontspan of rond-kyk nie, die pad was stil en Ma het goed bestuur, ek het die vrede glad nie vertrou nie. Ons is verby Saron, verby Gouda, ons het regs gedraai op die groter pad. Ek het versigtig begin rondkyk, daar was heuwels en treinspore, ek het dit herken van al die kere se ry na Wellington. Maar op 'n stadium moes ons 'n nuwe pad vat in die rigting van die stad.

Wat is daai? het Ma benoud gevra.

Wat? het ek gevra.

Daai rooi lig, het Ma gesê.

Dis 'n robot, sê ek, Juffrou sê die korrekte taal is verkeerslig.

Ek ry nie tot daar nie, sê Ma, Jou pa het niks gesê oor 'n verkeerslig nie.

Ons hou op 'n grondstrook langs die pad stil. Sy flikker die Mini se ligte. Ek kan sien hoe Pa stilhou voor in die pad. Daarna die trok. Die stasiewa draai om en ry tot langs ons.

Gaan ons nou jamrol eet? vra ek.

Pa praat deur die venster.

Bly net agter my, sê hy.

Ek ry nie vreemde paaie nie, sê Ma.

Ons sal geen vreemde paaie ry nie, sê Pa, Ons ry tot in Wellington. Ons los die Mini by Ouma. Dan ry ons almal saam. Ek kan hom môre gaan haal.

Op Wellington stop ons agter Ouma se huisie. Ons eet jamrol en drink moerkoffie uit die lang pot. Toe ry ons weer, nog 'n hele uur. Die nuwe plek is 'n doolhof, soveel strate, soveel huise, ons moet 'n paar keer omdraai en weer begin soek. Beide Pa en Ma het dit honderde kere gesê, ek kan steeds nie die plek se naam onthou nie, ek wat amper die hele Bybel kan voordra.

Later draai ons in by 'n straat en sien die trok staan. Ons hou stil en kyk na ons nuwe huis. Daar is min plante, die grond is sanderig, die ander huise is baie naby, die tuine is klein, hier en daar is iemand voor of langs 'n huis, party kyk nie eens op nie. Die trok se agterste deur is oop, ons meubels lyk bang hier in die vreemde. Pa en Ma klim uit, Pa praat met die mense van die trok, Ma stap na die voordeur, Ian en Erik storm verby haar, in by die huis. Ek bly sit agter in die stasiewa, ek voel meteens volkome nietig. So onherstelbaar eenvoudig. Hoe sal ek hier oorleef? Ek sit. Mal, mal, mal van die senuwees.

10 Januarie 1978

Dit is die begin van my derde jaar op hoërskool, ons woon al twee jaar in Kuilsrivier. Daar is nou vier kinders in die gesin, ons sussie is dertien maande oud. Haar koms was 'n wonderwerk, sonder 'n ooievaar kon Ma nie swanger raak nie, maar dit het wel gebeur. By die huis was ons soos nuwe mense, dit het gevoel asof ons 'n opdrag ontvang het, ons moes 'n rariteit bewaak, 'n kosbare en ongewone pop is by ons gelos, die wêreld was te vuil en te gevaarlik. Ons het geen instruksies ontvang nie, ons moes ons eie wapens en oorspronklike strategieë ontwikkel. Elke oggend het ons opgestaan en na haar gaan staar, middae het ons die huis binnegesluip en na haar gestaar. Ma het gesê die matte gaan vir ewig hou, ons loop nou ligter. Pa het ophou studeer en weer begin werk, ons moes die huis verander, daar was 'n ekstra kamer nodig. Die motorhuis is omskep in 'n slaapkamer met 'n badkamer – dié was myne, splinternuut met modieuse bruin mure en skilderye van my gunstelingkomponiste – en 'n nuwe motorhuis is gebou.

Binne my kop was 'n orkaan besig om beide orde en verwarring te skep, ek was oorval deur inligting. Die nuwe ligging het toegang gegee tot winkelsentrums, museums, kerke, galerye, biblioteke, teaters, rolprente en argitektuur wat my laat voel het asof ek nog nooit iets gesien het nie. Daar was teen dié tyd ook 'n televisiestel in feitlik elke huis. Daar was geen filter of sif nie, ek het gekyk na wat ek moes en verslind wat ek nie moes nie. Ek het elke langspeelplaat uit die dorpsbiblioteek gedra en op my klein draaitafel kom neersit, laatnag met my oor teen die luidspreker gelê, die omvang van wat reeds voortgebring is, in klank, in beeld en in woorde, was verstommend. Dit het my gelig en my laat val, ek het op wolke gestaan en myself verklaar, elke dag is ek gebore as 'n nuwe leidsman, later in die dag het ek omgekom in die storms van twyfel. Ek het begin belang verloor in my skoolwerk, my punte was laag of gemiddeld, ek is aangespreek en uitgevra, ek wou antwoord met my eie vrae, Sien julle dan niks? Hoor niemand wat gesing of gesê word nie?

Roetine was die bewaker van gewoonheid, 'n genadelose wag wat bly skree het: Betyds! Laat! Vinniger! Vorentoe! Ek was verstom oor hoe tevrede mense was, ek het bly dophou hoe hulle elke dag terugkeer na huise wat lyk soos al die ander, hoe grasperke vermink word ter wille van netheid, hoe lelike motorkarre gewas en gewas word, hoe 'n vergane hemp vervang word met nog een in dieselfde styl en kleur. Asof die eerste nie erg genoeg was nie, was hierdie tweede puberteit pynlik, soos 'n jong draak wat 'n ekstra stert groei, ook ekstra kloue, ekstra naels, onsigbaar vir ander, maar met genoeg pyn om hom aggressief te hou. Daar is dié wat vrae vra sonder om te bevraagteken, dié wat invloede ontvang, maar nooit die inspirasie, dié wat onderrig, maar net die ooglopende erken, dié wat met jaloesie rondkyk, maar selde die motivering ervaar, tussen hulle moet 'n jong draak sy vuur sluk en sy ekstra groeisels versteek en bly glo daar is 'n ruimte wat vir hom bewaar word, ook 'n datum waarop hy in dié ruimte sy kloue gaan oopvou, die naels uit hul bebloede holtes strek, spoeg en stram van die grond lig.

Op hierdie tweede dag van die nuwe skooljaar was ek onherkenbaar anders as die benoude plomp kind agter in die stasiewa. Ek het my laerskoolvet verloor, ek het vir die eerste keer 'n klein middellyf gehad (hierdie dun middel het ek later ingegord soos 'n Victoriaanse dame, my handelsmerk aan die begin van my loopbaan), my bene het reeds die vorm begin wys wat vinnige kyke by sekeres ontlok het, my gesig was 'n ongewone ovaal met oë wat 'n orige klasmaat ongemaklik kon laat stilraak, my hare het die sagte krul verloor en was nou 'n spookagtige boskaas uit 'n vroeë rock-opera. Ek het reeds geleer om my klere – ook skooluniform – in kleiner groottes te koop of standaardsnitte te laat verander om te aksentueer of verander wat ek wou.

Twyfel en woede was steeds vlak onder my vel, hoërskoolleerlinge, sommige reeds wêreldwys, ander bloot produkte van hulle bar opvoedings of gans verlore in die groepskultuur, kon praatjies maak sonder einde. Soos 'n knoop van slange op 'n warm rots was daar elke paar treë 'n groepie waaruit frases bly ontsnap het: Nee, ek het net daai bladsy geleer! My broer sê hulle vra altyd daai formule! Net die A kandidate is geroep! Hulle sê die lys van prefekte is klaar opgestel!

Weer en weer het sulke klein bommetjies my vertroue aan skerwe geskiet. Pedagoë en boeke het woorde gebruik soos grootword, adolessensie, groeipyne, ontwaking, gewaarwording, afbreek en opbou, ek het alles gaan lees. Een ding het duidelik geword, nie iets wat ek ooit as versekering kon gebruik nie, dit was bloot 'n feit: vrees was 'n verlamming, 'n ondier wat sy tentakels teen jou laat vassuig het, jou geloof verniel en jou oordeel verkleur het, maar nooit het dit my verhoed om 'n plan of poging tot uitvoer te bring nie. 'n Genadige geskenk, ook 'n geweldige las. Veertig jaar later sou ek steeds tydens die soveelste openingsaand huilend en kotsend in my kleedkamer skuil voordat ek tien minute later op die verhoog stap en die kalmte oor my spoel.

Hoërskool het 'n hiërargie gehad, daar was dié wat poog, dié wat presteer, dié wat reeds fisiek volkome ontwikkel was, dié wat in onskuld omvou was, dié wat reeds seksueel aktief was, dié wat in stilte op hulle vryheid gewag het, dié wat uit haglike huishoudings moes vlug, dié wat helde van die sportveld was. Ten spyte van identiese drag, reëls en fisiese formasies, kon jy die vlakke van dié orde uit 'n vliegtuig raaksien. Ná 'n pouse moes almal in rye staan, meisies een kant, seuns ander kant, gerangskik volgens ouderdom en klasgroep. Almal het gaan staan, ek was selde in 'n ry, die nabyheid was te warm en onaangenaam. Ek was gewoonlik op die stoepie voor die musiekklas, op pad na 'n les. (Of net besig om voor te gee dat daar 'n les was.) Ek het bly kyk, vir 'n oomblik was daar min beweging, dan onwillekeurig het almal begin skuif soos skaakstukke op 'n magnetiese bord, nuwe rye is gevorm: die rokers, die vryers, die presteerders, die gunstelinge, die bendes, die boelies, die onskuldiges, die onpartydiges, die giftiges, die gelowiges, die dommes, dit was 'n speletjie en 'n openbaring.

Die stoepie voor die musiekklas was beide 'n genade en 'n angs. Ek was uiteindelik in die hande van 'n musiekonderwyseres wat my kon raaksien. Sy het geglo aan my talent en het ure aan my vordering gewy. Ek het haar aanbid en gevrees. Ek het geoefen soos 'n masjien, gevorderde stukke gespeel, toonlere en teorie gehaat. Dit was moeilik, ek was dikwels moedeloos, maar wou nie teleurstel nie, sy het my na konserte geneem, boeke en lang-speelplate aangedra, veel meer gewys en geleer as wat enige kurrikulum voorskryf, na haar huis genooi, leer orrel speel, in-geskryf vir kompetisies en eksamens, laat optree in konserte en later die skoolkoor laat begelei. Ek het soggens voor skool en middae ná skool ekstra les ontvang. Musiek het my dae gevul, ek kon dit nie beskryf of verklaar nie, ek het ander goed bly hoor, woorde en klanke wat baklei het met dit wat ek reeds geken het, maar vir nou was dit die klavier.

Dit was die rede hoekom ek nog steeds op die tweede dag van my derde jaar in hoërskool in die gange gedwaal het, ek het probeer om my musiekrooster uit te werk, daar was klasse waarmee dit bly bots het en daar was ander periodes wat ek daarmee wou vul. Ek het besluit dat ek klaar was met bog soos kadette, voorlig-ting, liggaamlike opvoeding, rugby en atletiek. Met en sonder toestemming het ek reeds die vorige jaar begin met projekte, 'n dramagroepie, 'n kunsgroepie, dekor vir die biblioteek, potplante vir die voorportaal, 'n paar maats was altyd gereed vir 'n nuwe onderneming, onderwysers was gewoond om my in die gange te sien loop met 'n lêer of 'n stapel boeke.

Ek het in die tweede portaal gestaan, gangaf van die skool se voorportaal was 'n portaal waar drie gange bymekaargekom het, vier glasdeure na buite gelei het en die groot trap na die boonste verdieping begin het. Twee onderwysers het verbygestap. Die een was 'n halfdooie wat iets soos aardrykskunde gegee het aan die einde van die gang, die ander een was die mooie wat Engels gegee het, hoë wangbene, vierkantige kakebeen, welige hare soos in 'n oorgeklankte rolprent. Hy het na my gekyk.

Ek hoop ek sien jou vandag in die klas, het hy gesê.

My hart het sy plek verlaat en deur my hele lyf begin spring. Die stem waarmee hy gepraat het, het behoort aan Die Prins. Nie so diep soos die vorige kere nie, ook met meer asem, maar met die bekendheid wat ek al soveel jaar saamdra. Ek het nie geantwoord nie, ek was stom en my hande was klam. Hy het in die gang verdwyn. Hy was hier, in een van sy vele gedaantes, hy was my nuwe Engels-onderwyser en ek was nie die vorige dag in sy klas nie, ek was aan die dwaal met my rooster.

Ek het opgekyk. Daar was 'n groot venster net waar die trap sy draai na bo gemaak het. Deur die venster kon 'n mens die dak van die badkamers sien. Op die dak het die reus gestaan en na my gekyk. Aan die einde van die vorige jaar het werkers begin om die skool se dak te herstel of oor te teël, ek kon nooit sien presies wat gebeur nie, elke keer as ek gekyk het, was hy daar. Die reus was 'n groot man met 'n karamel vel soos iemand uit 'n Latynse land. Hy was mooi met vlamme in sy oë en pikswart hare waarvan die punte in sy nek vasgesit het. Anders as die res van die werkers het hy nie 'n oorpak gedra nie, hy was kaalvoet, geklee in 'n wit frokkie en 'n kortbroek wat so klein was, net om te kyk was 'n verleentheid. Ek het nog nooit sulke bene gesien nie, so 'n bors-kas, sulke arms, hy was 'n beeld. Ek kon nie verstaan hoekom hy nooit aangekla is nie. Wanneer die gange vol kinders was, was hy nooit te sien nie, wanneer een van ons alleen gestap het, was hy daar. Hy het gestaar, uitlokkend, sonder beweging. Soos nou.

Hierdie keer staar ek terug. Om twee redes: ek het besluit dat ek sou. En ek het nou net Die Prins herken. Ons staan. Die reus en ek.

Die grom laat my skrik. Was dit hy? Ek? Nee, die onderkant van die trap begin lig. Nie 'n sagte golf soos op Wellington nie, nie 'n krul soos by die kerksaal nie. Die trap ruk uit die vloer, teëltjies breek los en val tot naby my. Op en op lig die trap totdat die hele onderste deel in die lug is, relings buig en skiet oop, ek kan nie meer die venster sien nie. Toe begin hy sak, nou 'n vlerk. Die wind ruk my van my voete af, ek val agteroor, ek raak nie grond nie, ek tol om en om, wawiel soos 'n pamflet in 'n storm. Ek land teen die muur agter my, reg langs die onderhoof se kantoordeur. Die vlerk tref die grond, die gebou skud, die grom is nou 'n rou skeur deur die aarde. Ek hoor sy naam, dis dieselfde as myne. Die magtige engel wat reeds alles aanskou het, is hier ook. En het *my* naam. Drie meisies stap deur die portaal, hulle sien nie die skade nie, hulle hoor niks, twee lag te hard en een beduie dat hulle moet stil wees.

Ek kyk na die venster. Die reus staan bewegingloos. Ek weet dat hy dit gesien het. Sy gesig wys dit nie, hy staan daar, moedswillig en gevaarlik. Ek sit regop. Wanneer ek opstaan, sal dit wees in hierdie wêreld, maar met 'n nuwe kennis. Die Prins is hier – meester en soldaat – om nooit 'n tree te gee uit sy pad as onderwyser nie, net te sorg dat ek doen wat ek moet. My beskermer is hier, swygend in 'n trap, gereed om die aarde te kloof elke keer dat ek struikel op pad na my uiteindelike staanplek in die skrefie tussen onbetwisbare geliefdheid en hartstogtelike verwerping.

Vir eers bly ek sit. My bene uitgestrek, my baadjie oop, my ken gelig. Die reus staan steeds, een van dié wat geluk beloof, of boosheid, die verleiers. Hoeveel keer sou ek swig voor sulkes, maar nie vandag nie.

Ek gee jou 'n oomblik, sê ek geluidloos, Dis al wat jy kan doen, kyk na my.

Die afgelope 32 jaar het Nataniël 87 verhoogproduksies
geskryf en opgevoer, 17 albums vrygestel, en 9 bundels kortverhale,
3 volumes van sy Kaalkoprubriek, 1 joernaal, 1 kostuumboek
en 6 kookboeke gepubliseer.

www.nataniël.co.za
facebook/nataniël news page
@nataniëlnews

www.ingramcontent.com/pod-product-compliance
Lightning Source LLC
Chambersburg PA
CBHW020151090426
42734CB00008B/779